DAVI DA ROSA

ESPIRITISMO

Lafonte

Título – Espiritismo
Copyright © Editora Lafonte Ltda. 2021

Todos os direitos reservados.
Nenhuma parte deste livro pode ser reproduzida por quaisquer meios
existentes sem autorização por escrito dos editores e detentores dos direitos.

Direção Editorial **Ethel Santaella**
Organização e Revisão **Ciro Mioranza**
Diagramação **Demetrios Cardozo**
Imagem de capa **Inga Maya / Shutterstock**

Dados Internacionais de Catalogação na Publicação (CIP)
(Câmara Brasileira do Livro, SP, Brasil)

```
Rosa, Davi da
    Espiritismo / Davi da Rosa. -- São Paulo :
Lafonte, 2021.

    ISBN 978-65-5870-144-6

    1. Doutrina espírita 2. Espiritismo I. Título.

21-74098                                    CDD-133.9
```

Índices para catálogo sistemático:

1. Espiritismo 133.9

Aline Graziele Benitez - Bibliotecária - CRB-1/3129

Editora Lafonte
Av. Profª Ida Kolb, 551, Casa Verde, CEP 02518-000, São Paulo-SP, Brasil - Tel.: (+55) 11 3855-2100
Atendimento ao leitor (+55) 11 3855- 2216 / 11 - 3855 - 2213 – atendimento@editoralafonte.com.br
Venda de livros avulsos (+55) 11 3855- 2216 - vendas@editoralafonte.com.br
Venda de livros no atacado (+55) 11 3855-2275 - atacado@escala.com.br

Impressão e Acabamento
Gráfica Oceano

ÍNDICE

05	Religião ou Doutrina Espírita
13	O nascimento do Espiritismo na França
35	Allan Kardec e a criação do Espiritismo
49	Preceitos básicos da Doutrina Espírita
71	O Espiritismo no Brasil
93	Considerações finais

RELIGIÃO OU DOUTRINA ESPÍRITA

Ao longo da história, são inúmeros os registros de cerimoniais, ritos ou evocações, cujo objetivo final era a comunicação com o mundo dos mortos. A possibilidade de contato com o "outro lado" de comunicar-se com aqueles que aqui ficaram, trazendo alento aos amigos e entes queridos ou mesmo trazendo informações sobre o mundo dos espíritos, sempre pareceu, no mínimo, fascinante para diferentes povos em diferentes períodos da história da humanidade. Em tempos de guerra ou de escassez, a comunicação com os espíritos se apresentava como forma de relação entre os homens e os deuses, de intermediação das divindades em favor dos homens, visando à proteção dos exércitos, à conquista de possíveis glórias, ou ainda, à volta do período de chuvas, fundamentais para boas colheitas.

Um dos primeiros registros na Europa ocidental sobre a crença da reencarnação se encontra entre o povo celta. Os celtas ocuparam a parte ocidental da Europa entre 4000 a.C e o século I a.C. quando foram conquistados pelas tropas romanas de Júlio César. Uma importante classe social dos celtas era denominada druida. Em linhas gerais, a classe dos druidas era representada por filósofos, matemáticos, astrônomos que, além de responsáveis pela produção do conhecimento, presidiam também os ritos e eram guardiões das tradições religiosas, desempenhando papel fundamental no interior dessa sociedade.

Segundo a tradição druida, a alma passava por sucessivas existências. Esse processo era chamado de "lei das almas" ou "lei de tríades". Em suma, a "lei de tríades" respondia pelos três deveres do homem para com as divindades, para com os semelhantes, e para consigo mesmo: *"Honrar os seres superiores, não cometer injustiça e cultivar em si a virtude viril."* O cumprimento em vida desses três princípios levaria a um processo de evolução da alma por meio de sucessivas reencarnações. A vivência no mundo material seria uma grande jornada de aprendizado (moral e ético), que conduziria à evolução do espírito. Esse aspecto será visto em diferentes culturas religiosas que creem na reencarnação.

A cultura egípcia (3200 a.C.–30 a.C.), no continente africano, também cultivou por séculos a ideia da imortalidade da alma por meio da reencarnação; dessa crença surgiu a prática da mumificação. Nela, o corpo mumificado, ou seja, mantido em sua forma física, seria ocupado novamente pela alma da pessoa morta. Isso, contudo, se o morto tivesse tido uma vida justa e bondosa. Vale ressaltar que esse era um privilégio apenas das classes mais altas daquela sociedade.

No extremo Oriente, a milenar cultura budista também acreditava na imortalidade da alma por meio de reencarnações. Em outras palavras, quando uma pessoa morre, a mente se separa do corpo físico para renascer em outro corpo. Segundo a cultura budista, o período posterior à morte é denominado de "*Bardo*", dividido em diferentes fases. Numa delas, a alma alcança a iluminação e a consciência sobre a natureza da mente humana. Todavia, nem todas as pessoas que morrem alcançam esse estágio de iluminação. Nesses casos, o que vai acontecer será um longo processo de transição para um novo renascimento. Um dos elementos fundamentais para a iluminação da consciência do indivíduo será seu carma (do sânscrito, "*karma*"). Em linhas gerais, podemos definir carma, na visão do budismo tradicional, como um acúmulo de experiências negativas ou positivas que podem ou não levar à elevação do espírito, sendo determinantes para seu renascimento ou sua iluminação. O reencarnado, portanto, teria a missão de voltar à vida para corrigir ou melhorar seus carmas de outras existências.

Não são poucas, portanto, as expressões de fé que, ao longo da história, creem na imortalidade da alma e na reencarnação. Do mesmo modo, a comunicação com o mundo dos mortos perpassa por diferentes culturas em diferentes locais do mundo todo. Na cultura dos toltecas, que ocuparam o que é hoje parte do México e da América central, o líder xamã conduzia os rituais de comunicação com o mundo dos espíritos através da ingestão do psicotrópico conhecido como "*peyote*". Nesses rituais, os espíritos revelavam, aos iniciados, aspectos fundamentais de sua vida em grupo. De forma parecida, nas tradições da umbanda e do candomblé, no Brasil, a comunicação com o mundo dos espíritos se dá por meio da incorporação de determinadas entidades que ajudam aqueles que recorrem a seus atributos.

Dessa forma, quando lançamos nosso olhar para o passado, conseguimos observar que, quando o espiritismo nasceu, na segunda metade do século XIX, já havia, desde tempos muito antigos, inúmeras práticas religiosas que se propunham a estabelecer comunicação e interação com o mundo espiritual. Algumas delas acreditavam na reencarnação da alma como forma de evolução do corpo e do espírito. O que havia de novo, na proposta espírita, era propor, através do método de experimentação e da observação, a sistematização desses variados saberes acumulados e presentes em diferentes formas de fé. Exatamente por essa razão, a Religião Espírita é também conhecida como Doutrina Espírita.

Mas qual é a diferença entre uma doutrina e uma religião? Define-se doutrina como um conjunto coerente de ideias transmitidas ou ensinadas ao longo do tempo em diferentes sistemas filosóficos, políticos, religiosos, econômicos, etc. Nesse sentido, podemos dizer que existem diferentes tipos de doutrinas em diferentes áreas do conhecimento. O espiritismo é também uma doutrina porque, para compreender e praticar essa fé, é necessário o estudo associado à prática de um conjunto de ideias que fundamentam essa religião.

Define-se religião como um conjunto de crenças e dogmas, praticados por um grupo, que afirma ou reafirma a ideia da existência de um poder ou força superior, via de regra denominado Deus ou deuses, e que ajuda o homem a entender os fenômenos naturais e o mundo que o cerca. O espiritismo, portanto, se encaixa, ao mesmo tempo, no conceito de doutrina (conjunto de ideias compreendidas por meio de estudo e prática) como também no conceito de religião (uma vez que se crê na existência de uma força superior e na evolução do espírito).

Outro aspecto importante, ao qual devemos dar especial atenção no tocante ao conceito de doutrina, é seu cunho didático, no sentido prático e teórico de ensinar e aprender. No espiritismo, quem doutrina ensina princípios, valores, sentimentos a alguém. Aqueles que aprenderam, por sua vez, têm o dever de passar esse conhecimento aos demais membros do grupo. Esse aprendizado, inclusive, não se encerra com a morte das pessoas. Ele continua por meio daqueles que desenvolveram capacidades mediúnicas.

No caso do espiritismo, esse aprendizado é eterno, visto que continua em outros planos após o espírito desencarnar. Desse modo, no espiritismo, tanto os homens podem ajudar os espíritos com orações e orientações, como também os espíritos podem auxiliar os homens com determinadas orientações. Foi o que ocorreu com Allan Kardec, Chico Xavier, Bezerra de Menezes e muitos outros que transmitiram suas mensagens (psicografadas ou não) por meio da revelação de espíritos mais desenvolvidos. Essa relação direta de aprendizado mútuo entre os homens e os espíritos é uma das bases dessa prática religiosa e seus principais precursores sempre incentivaram o estudo da doutrina como parte fundamental da fé espírita.

Mas o que, de fato, defende a doutrina espírita? É claro que a reposta para essa pergunta tão complexa será trabalhada ao longo desse breve texto. Se pudéssemos, contudo, resumir toda a complexidade desse estudo em poucas palavras, diríamos que seria: a prática da caridade e o altruísmo. Embora esses sejam valores presentes em milhares de outras manifestações de fé, no espiritismo a caridade e o altruísmo são as duas pedras fundamentais dessa prática religiosa. Doar, não acumular mais do que o necessário e ajudar ao próximo incondicionalmente são alguns dos exemplos observados tanto nos escritos psicografados quanto nos diferentes centros espíritas, no Brasil. Conforme vamos nos aprofundando mais ao longo desse nosso percurso, esses são valores (como muitos outros) que foram revelados aos homens por meio da orientação de espíritos mais evoluídos, no intuito de incentivar a prática da caridade e a ajuda aos mais necessitados. Esses valores seriam a base dessa doutrina/religião que conforta e ajuda tanto aqueles em vida quanto os irmãos de outros planos.

centros urbanos. Com horas de trabalho extenuantes e em condições insalubres, os trabalhadores urbanos também vão desempenhar um papel fundamental nos movimentos revolucionários denominados *"primavera dos povos"*, cujo auge ocorreu no ano de 1848.

A primeira obra de Allan Kardec, *"O livro dos espíritos",* seria publicada pouco tempo depois, em 1857. Esse é o mundo conhecido por Allan Kardec e todo esse contexto histórico e social será fundamental para o que virá a ser, no futuro, a doutrina espírita. Nesse ponto, vale ressaltar que Allan Kardec deve ser visto como um homem de seu tempo e seu pensamento como fruto das relações sociais, políticas, econômicas e culturais do século XIX. Esse aspecto será melhor abordado mais adiante, no capítulo intitulado *"Allan Kardec e a criação do espiritismo"*; mas convém salientar, por ora, que todo esse pensamento racionalista e seus desdobramentos serão fundamentais para o nascimento do espiritismo.

Outro aspecto importante desse contexto histórico, na França da época de Allan Kardec, é o surgimento da ideologia positivista. Em linhas gerais, o positivismo do filósofo francês Augusto Comte (1798-1857) defendia como princípio o ideal de sociedade baseado no cientificismo. Segundo Comte, as diferentes sociedades passam por diferentes estágios de desenvolvimento. Um dos primeiros e mais primitivos desses estágios seria o Estado Teológico, em que os indivíduos buscam responder aos conflitos da vida cotidiana sempre através de elementos sobrenaturais ou irracionais. Dentro da lógica do positivismo, o último estágio de desenvolvimento de uma sociedade seria o Estado Positivo, em que todas as explicações da vida cotidiana são apresentadas de forma racional e científica. A própria religião, nesse estágio de desenvolvimento da sociedade, seria substituída por uma fé, cujo fim último seria o cientificismo. Essa prática religiosa pode ser resumida na condição de depositar toda a fé na ciência e no desbravamento do desconhecido.

Na prática, e em última instância, nesse grau de desenvolvimento da sociedade positivista, a ciência ocuparia o lugar de Deus. O movimento positivista virou febre nas universidades francesas, nos meios intelectuais de classe média e em alguns meios militares, como foi o caso do Brasil, onde o positivismo das lideranças militares será fundamental para a proclamação e a consolidação da república, em 1889.

O positivismo será um dos fios condutores para a formação das mentalidades na segunda metade do século XIX. A doutrina criada por Allan Kardec vai beber, e muito, da fonte positivista. Claro que o movimento positivista se apresenta como um caminho bastante radical quando pensamos em uma religião em que Deus é basicamente substituído pela ciência. A doutrina espírita não seria tão radical. Todavia, esse contexto histórico vai influenciar, na fase embrionária do espiritismo, na criação de uma fé religiosa que tem como fundamentação básica a ciência e seus métodos de comprovação de uma verdade. Seria possível a criação de uma religião que tem como base a ciência? Se sim, de que maneira a aplicação prática da ciência poderia provar a existência de Deus, dos espíritos e de um mundo extracorpóreo? Essas talvez fossem as dúvidas do próprio Allan Kardec quando se deparou com suas primeiras descobertas sobre o mundo dos espíritos. Inserido nesse contexto cientificista do século XIX, herdeiro direto da era das luzes, e influenciado diretamente pelas ideias positivistas do filósofo Augusto Comte, Allan Kardec vai elaborar os primeiros preceitos do que seriam as bases do espiritismo.

Dentro dessa lógica, o grande desafio seria uma aproximação entre a fé e a ciência, conceitos que estavam apartados na Europa desde a eclosão do Iluminismo. Allan Kardec (que naquele momento utilizava seu nome de batismo Hippolyte Léon Denizard) era um pedagogo que ministrava, em sua própria casa, cursos livres de química, física e anatomia, ciências que estavam bastante em voga no século XIX. Aos 51 anos e já com uma carreira bastante respeitável no campo das letras e das ciências naturais, Denizard (Kardec) teria sido apresentado, por seu amigo e estudioso do magnetismo, senhor Fortier, a eventos que ocorriam nas casas de classe média de Paris, conhecidos popularmente, no começo, como *"mesas girantes"*.

A descrição do senhor Fortier era de que objetos se mexiam aparentemente sem nenhuma intervenção humana. É importante dizer que, naquele período, os estudos sobre o cérebro humano ainda estavam em sua pré-história. Os cientistas mal tinham levantado as primeiras perguntas sobre quais seriam as principais funções cerebrais. Para se ter uma ideia, a descoberta do neurônio vai acontecer somente cinquenta anos depois, em 1903. O fato é que, a princípio, tais fenômenos eram por vezes apontados como proezas da mente humana ou psicocinese, que seria a capacidade da mente humana de mover coisas sem a ajuda das mãos.

O então Hippolyte Léon Denizard assistiu, na residência de uma senhora, conhecida na época em Paris como a sonâmbula Roger, fenômenos de psicocinese[1]. Vale lembrar também que, nessa época, não se sabia muito sobre o que seria o estado semiconsciente de sonambulismo, atribuindo a esse estado capacidades ou habilidades metafísicas, como a movimentação de objetos, a previsão do futuro e a capacidade de comunicar-se com o mundo dos espíritos. Essas primeiras experiências foram descritas da seguinte forma pelo próprio Allan Kardec em *"O livro dos espíritos"*.

> *O primeiro fato observado foi o movimento de objetos; designaram-no vulgarmente com o nome de me-*

---

[1]. Movimentação de objetos usando apenas a mente.

sas giratórias ou dança das mesas. Esse fenômeno que parece ter sido observado primeiramente na América, ou, melhor, que se teria repetido nesse país, porque a história prova que ele remonta à mais alta antiguidade, produziu-se acompanhado de circunstâncias estranhas como ruídos insólitos e golpes desferidos sem uma causa ostensiva, conhecida. Dali, propagou-se rapidamente pela Europa e por outras partes do mundo; a princípio provocou muita incredulidade, mas a multiplicidade das experiências em breve não mais permitiu que se duvidasse de sua realidade.[2]

Provavelmente, sua primeira experiência não o tenha impressionado tanto, mas as experiências mediúnicas posteriores vão impactar profundamente sua vida dali em diante. Essas eram realizadas na casa da senhora Plainemaison, pelas jovens Caroline e Julie Baudin (posteriormente juntou-se a elas a senhorita Célina Japhet), que revelaram a ele, por meio da comunicação mediúnica, que aquele homem, que ali estava para conhecer as habilidades das garotas, havia sido em encarnações passadas um celta de nome Allan Kardec e que, na presente encarnação, tinha a missão de reunir os muitos ensinamentos e conclusões dos últimos séculos em uma doutrina de tradição

---

2. KARDEC, Allan. *O livro dos espíritos*. São Paulo: Lake, 2000. Pp 27

judaico/cristã que trouxesse alivio ao coração dos homens.

Nesse ponto, convém ressaltar que, ao longo da história das religiões, o papel da revelação era importantíssimo para as fundamentações das mesmas. Segundo a doutrina espírita, *"A revelação é feita sempre a homens predispostos, designados sob o nome de profetas ou messias, isto é, enviados ou missionários, incumbidos de transmiti-la aos homens"*[3] . A Moisés foi revelado, no Monte Sinai, o decálogo, conhecido como dez mandamentos; entre os aspectos principais desse conjunto de leis de Deus (Javé) estava a reafirmação entre os hebreus na crença em um único Deus (monoteísmo). Em 610 d. C., foi revelado ao profeta Maomé, pelo anjo Gabriel, que ele tinha a missão de reunir e converter os povos beduínos, que eram politeístas, na crença de um único Deus, Alá. As revelações feitas ao profeta Maomé foram reunidas no livro sagrado denominado Alcorão ou Corão. A Jesus Cristo foi revelada, quando este se encontrava em jejum no deserto, sua missão redentora em relação aos pecados da humanidade. Com a mensagem de Cristo, se reafirmava a tradição dos hebreus no monoteísmo e, ao mesmo tempo, se revelava a figura de um Deus clemente e misericordioso.

O momento da revelação é, portanto e sem dúvida, o momento mais importante da história das três religiões

---

3. KARDEC, Allan. *A Gênese*. São Paulo: Lake, 2000. pp 31.

monoteístas. No caso de Allan Kardec, essa importância não seria diferente e a ele foi revelado o que ficou conhecido como *"As três revelações divinas do espiritismo".* Segundo a doutrina espírita revelada a Allan Kardec pelo Espírito da Verdade, a primeira revelação estaria no Velho Testamento, pois nele se encontram as narrativas dos primeiros contatos diretos entre os homens e Deus. O povo hebreu, que estava entre os pioneiros no que diz respeito à utilização da escrita, acreditava que sem o registro formal e sistematizado de sua fé, seus ritos e tradições poderiam cair no mais completo esquecimento. Além disso, segundo essa primeira revelação divina, já se pode observar fenômenos mediúnicos nos escritos do Velho Testamento.

A segunda revelação seria o próprio Evangelho do Novo Testamento, no qual temos a presença de Jesus, um ser clemente e misericordioso que, para a doutrina espírita, se trata de um espírito evoluído que revela através do Evangelho o caminho para a salvação.

A terceira revelação seria reafirmar, na contemporaneidade em que vivia o próprio Allan Kardec, os preceitos do Evangelho, além de explicar e desenvolver, pelas vias das novas leis da natureza, tudo o que Cristo disse e fez.

Em outras palavras, o espiritismo teria nascido para ser uma espécie de síntese entre essas três visões de mundo: 1) do Antigo Testamento, em que se estabelecem os primeiros contatos registrados entre o homem e Deus; 2) do

Evangelho, em que Jesus Cristo é visto como o detentor da boa nova; e 3) a retomada do pensamento religioso cristão dentro da perspectiva cientificista do século XIX. Essa perspectiva fecha a tríade que seria a suma teológica do espiritismo, sendo considerada uma doutrina, uma religião e uma ciência, visto que, com base na metodologia científica, seria possível não apenas provar cientificamente a existência dos espíritos, mas compreender também o funcionamento desse "outro lado".

Nesse ponto, devemos fazer algumas ponderações de suma relevância. A primeira seria o caráter revolucionário de uma religião que encontraria, no próprio meio científico, a base de sua fundamentação. Na prática, a prova científica da existência de um mundo além da vida presente e terrena do homem, confirmava de uma vez por todas, a veracidade inconteste das diferentes narrativas religiosas em todo o mundo.

A segunda ponderação diz respeito ao que Allan Kardec considera método científico em seu tempo histórico. Sobre esse aspecto, ele fez a seguinte ponderação: *"Apliquei a esta nova ciência, como tinha feito até então, o método de experimentação; nunca elaborei teorias preconcebidas: eu observava atentamente, comparava, deduzia as consequências"*.[4] Inspirado, portanto, na metodologia de expe-

---

4. KARDEC, Allan. *O que é Espiritismo*. Instituto de Difusão Espírita: Araras, 1990. pp 53

rimentação, Allan Kardec criou sua própria versão desse método, apresentado da seguinte forma pelo estudioso do espiritismo, o jornalista Herculano Pires, responsável por traduzir as primeiras obras de Allan Kardec no Brasil:

> *1ª Escolha de colaboradores mediúnicos insuspeitos, tanto do ponto de vista moral, quanto da pureza das faculdades e da assistência espiritual.*
>
> *2ª Análise rigorosa das comunicações, do ponto de vista lógico, bem como do seu confronto com as verdades científicas demostradas, pondo-se de lado tudo aquilo que não possa ser logicamente justificado.*
>
> *3ª Controle dos espíritos comunicantes, através da coerência de suas comunicações e do teor de sua linguagem.*
>
> *4ª Consenso universal, ou seja, concordância de várias comunicações, dadas por médiuns diferentes, ao mesmo tempo e em vários lugares, sobre o mesmo assunto.*[5]

Na citação acima, Allan Kardec ressalta sua opção pela utilização de um modelo metodológico bastante conhecido pela ciência do século XIX: o método de experimenta-

---

5. KARDEC, Allan. *O livro dos espíritos.* São Paulo: Lake, 2000. Pp 17

ção. Vale lembrar que o próprio Kardec tinha uma carreira acadêmica bastante respeitável quando começou a estudar esses fenômenos na França; isso significa que esse e outros métodos científicos já lhe eram bastante familiares.

Mas o que vem a ser a metodologia de experimentação? Em linhas gerais, a metodologia de experimentação, ou método experimental, é um método de abordagem que tem como característica básica a submissão do objeto de análise à influência de variáveis, controladas com o intuito de analisar o impacto dessas interações. O método experimental visa testar, em ambiente e em variáveis controladas, as hipóteses levantadas pelos pesquisadores.

Por exemplo, se um pesquisador deseja descobrir qual é o papel da luz no processo de fotossíntese das plantas, precisa construir uma hipótese sobre esse fenômeno. Supondo que sua hipótese seja a de que as plantas fazem fotossíntese quando são expostas à luz, o pesquisador em questão resolve que vai tomar três exemplares de plantas da mesma espécie, tamanho e idade. Expõe uma delas diariamente ao sol, uma segunda a expõe apenas 4 horas por semana, e a terceira jamais vê luz alguma, nem do sol nem de lâmpadas. Após algum tempo de observação, o pesquisador nota que a planta que recebeu mais luz está mais saudável, enquanto a que recebeu uma quantidade de apenas 4 horas semanais de luz está doente, e que a planta, que não recebeu luz alguma, morreu. Com esse experimento, o pesquisador conclui que a luz é fundamental para que ocorra o processo de fotossíntese; além disso, conclui também que, sem luz, não há fotossíntese e que, sem fotossíntese, a planta morre. Em suma, e conforme visto nesse exemplo, a finalidade do método experimental é testar sob ambiente controlado as hipóteses levantadas pelo pesquisador, para que, ao final, com todas as observações e testes em mãos, possa concluir por quais motivos tal fenômeno foi produzido.

Então, se os estudos de Allan Kardec se basearam em uma metodologia científica rigorosa, e bastante utilizada no meio científico já naquela época, podemos dizer que estava provada cientificamente a existência de um mundo espiritual e, portanto, essa conclusão poderia revolucionar todas as narrativas religiosas no mundo inteiro. Na verdade, não foi exatamente o que aconteceu. O meio científico, nem naquela época nem hoje, reconhece o método experimental de Allan Kardec como válido, tampouco como prova definitiva e irrefutável da existência de um mundo espiritual.

Para entendermos o porquê, devemos voltar aos parâmetros apontados pelo jornalista Herculano Pires, que formam o arcabouço do método de Allan Kardec. O primeiro ponto que ele ressalta é que os colaboradores mediúnicos deveriam ser insuspeitos do ponto de vista moral, da pureza das faculdades e da assistência espiritual. Aqui se encontra o primeiro problema. Como é possível reconhecer uma pessoa de boa moral? Como reconhecer que alguém não está usando truques para iludir as pessoas à sua volta? A reposta para essas duas perguntas pode parecer fácil e simples. Basta fazer uma investigação profunda na vida do médium, a fim de se descobrir se essa pessoa tem ou não uma personalidade ilibada. O fato é que nem sempre é possível fazer esse tipo de investigação; mesmo que isso seja feito e que, de fato, essa pessoa tenha uma personalidade ilibada, ainda assim isso não significa, na prática, que ela não está se valendo de truques para se comunicar com os mortos, para movimentar objetos ou para emitir barulhos sem explicação.

O segundo ponto citado como parte do método de Allan Kardec diz o seguinte: "*Análise rigorosa das comunicações, do ponto de vista lógico, bem como do seu confronto com as verdades científicas demostradas, pondo-se de lado tudo aquilo que não possa ser logicamente justificado*". Existem poucos estudos no Brasil sobre cartas psicografadas e suas implicações no meio científico, muito embora a produção desse material tenha sido enorme ao longo dos anos. Estudos sobre cartas psicografadas fora do Brasil são ainda mais raros.

Um dos estudos mais recentes sobre esse tema foi realizado pela Universidade Federal de Juiz de Fora (UFJF) que analisou um lote de cartas psicografadas pelo médium Chico Xavier (1910-2002). Foram analisadas ao todo treze cartas atribuídas a um cidadão de nome Jair Presente, morto vítima de afogamento em 1974, na cidade de Americana, interior de São Paulo. As cartas começaram a ser psicografadas por Chico Xavier já no ano da morte de Jair e continuou até o ano de 1979. Sabe-se que pessoas em luto estão extremamente fragilizadas com suas perdas e que, portanto, estão mais facilmente aptas a aceitar como prova irrefutável o recado de seu ente querido que partiu. Exatamente por essa razão, a análise minuciosa desse material é tão fundamental para que a ciência confirme a veracidade da existência de um mundo espiritual. O estudo concluiu que as informações das cartas eram verdadeiras.

Segundo a conclusão desse estudo, as informações e comunicação das cartas eram precisas em relação a nomes, datas, e descrições de fatos e acontecimentos da vida em família do cidadão em questão. Além disso, o estudo ainda afirmou que todas as informações do conjunto de cartas eram verídicas, sendo que nenhuma das informações citadas nas cartas era incorreta ou falsa. A análise foi feita nas cartas originais psicografadas por Chico Xavier e delas foram extraídas informações objetivas e possíveis de verificar sua veracidade, cruzando dados com depoimentos dos familiares sobre pontos específicos descritos nas cartas.

A metodologia utilizada nessa pesquisa está em consonância com o terceiro ponto da metodologia de Allan Kardec, em que fala sobre o *"Controle dos espíritos comunicantes, através da coerência de suas comunicações e do teor de sua linguagem".* Os pesquisadores utilizaram elementos da vida do espírito desencarnado para assim comparar com as informações contidas na carta, e desse modo confirmar se, primeiro: aquela linguagem era mesmo utilizada por ele em vida; e segundo: as informações psicografadas por Chico eram realmente verdadeiras, de acordo com as pessoas que conheceram Jair Presente em vida? A resposta foi sim para ambas as perguntas.

Ainda conforme esse estudo, a probabilidade de Chico ter tido acesso a essas informações pelas vias tradicionais eram muito remotas. Em várias passagens das cartas havia informações de caráter totalmente privado de fatos inclusive conhecidos apenas por alguns de seus familiares. Embora esse estudo seja de enorme importância para a comunidade espírita no Brasil e no mundo, ainda assim é insuficiente para que a comunidade científica reconheça as formas de atividades mediúnicas como cientificamente comprovadas. Isso porque, para que tal aspecto seja reconhecido pela comunidade científica, uma das formas passaria por: 1) ampliar os testes, ou seja, teria que ser feita a mesma análise em outras cartas psicografadas pelo próprio Chico e por outros médiuns, em outros locais, e posteriormente fazer esse trabalho comparativo entre as informações trazidas nas cartas e as informações trazidas pelos parentes e amigos das pessoas desencarnadas; 2) seria necessária a revisão do estudo pela comunidade científica; 3) o estudo teria que ser publicado em algum periódico de relevância internacional no meio científico; 4) os pesquisadores devem envolver diferentes grupos que abarquem a seleção aleatória dos elementos testados, assim como o controle total do processo, bem como, as diferentes variáveis. Apenas após concluído todo esse processo é que seria possível, ou não, a comprovação científica de um mundo espiritual como queria Allan Kardec em meados do século XIX.

Logo, do ponto de vista científico, não se pode afirmar que o espiritismo seja uma ciência nem que o mundo dos espíritos seja comprovado cientificamente, justamente porque as pesquisas científicas sobre essa temática não obedeceram a todos os ritos apresentados acima. Todavia, nesse ponto, vale a pena fazer o seguinte questionamento: Por que, no decorrer dos 150 anos da primeira publicação de Allan Kardec, a comunidade científica não chegou a apresentar significativo interesse em se debruçar sobre o tema? A resposta para essa pergunta é bastante complexa e exige uma reflexão mais aprofundada sobre a que se destina o papel da ciência no mundo de hoje.

Para nossa discussão nesse opúsculo, podemos dizer que a função das ciências naturais é de, entre outras coisas, salvar vidas, descobrir a cura e tratamento para diferentes doenças, produzir medicamentos, remédios, vacinas, desenvolver novas tecnologias, etc. A perspectiva da existência de um mundo espiritual não foi uma questão levada muito em consideração pelas ciências de um modo geral.

O motivo pelo qual isso aconteceu remete ao próprio cientificismo iluminista do século XVIII que, ao mesmo tempo em que forneceu as bases para o nascimento das percepções de Allan Kardec, também representou o divórcio, quase que absoluto, entre o campo da fé e o campo das ciências. Isso fica muito claro quando o movimento burguês da França passou a condenar a ideia de privilégio por ordem de nascimento, ou seja, na prática, a nobreza e sobretudo o próprio rei absolutista não poderiam mais invocar antigos direitos concedidos a eles pela Igreja católica em nome de Deus.

A partir daí, o que se viu foi uma Europa cujas revoluções somente fizeram aprofundar essa separação. Residia nesse ponto um dos maiores desafios de Allan Kardec: fazer com que a ciência se reaproximasse da fé religiosa com o intuito de reafirmar, sob a luz da ciência, a existência de um mundo dos espíritos. E ele faria isso lançando mão de tudo o que havia acumulado de saber científico até então. Nesse sentido, valia-se não apenas do método científico como também de toda a tecnologia existente na época.

Essa tentativa de reaproximação entre as concepções científicas e a fé religiosa ocorreu em um momento bastante delicado para os caminhos da fé de maneira geral. Conforme dito anteriormente, as grandes ondas revolucionárias da Europa dos séculos XVIII e XIX haviam colocado em xeque todas e quaisquer formas de poder sobre a sociedade que fossem baseadas em uma argumentação irracional; e, nesse sentido, a própria existência de Deus será questionada.

A única saída encontrada era a de colocar à prova da ciência questionamentos de cunho espiritual que haviam inquietado a humanidade desde muitas eras antes do cristianismo. Por exemplo, o que é o espírito? Existe uma vida após a morte? E se existe como seria o funcionamento desse outro mundo?

Buscar a ajuda da tecnologia e da metodologia científica para responder a essas perguntas seria parte do caminho aberto por Allan Kardec e que vai fundamentar parte de sua doutrina. A utilização de todas as formas de tecnologia disponíveis serviria para, primeiro, descobrir os eventuais charlatões (que não eram poucos) infiltrados na prática das "mesas girantes", porque esses eventos eram bastante difundidos entre o público burguês tanto na França quanto na Inglaterra da era vitoriana; por isso a chance de haver charlatões ganhando dinheiro com a dor de quem perdeu entes queridos era bastante alta. E para enganar as pessoas e ganhar dinheiro com esses fenômenos, havia quem utilizasse dispositivos escondidos, linhas imperceptíveis no escuro, terceiros escondidos provocando barulhos inexplicáveis, enfim tudo o que fosse possível à época para ludibriar. Com o avanço da tecnologia, a descoberta desse tipo de charlatanismo será cada vez mais frequente, muito embora esse tipo de prática possa ser encontrado, infelizmente, até os dias de hoje.

Atualmente câmeras infravermelhas, gravadores digitais, sensores de movimento, entre outros aparatos eletrônicos, são utilizados com bastante frequência por grupos que se dedicam a identificar a presença de espíritos em diferentes partes do mundo. Esse aspecto coloca o espiritismo em uma situação única quando comparado a outras formas de religião que veem na tecnologia um inimigo em potencial, que tende a destruir antigos mitos de criação baseados, quase que exclusivamente, na interpretação de pessoas cujo conhecimento científico em épocas remotas era próximo de zero, e por isso esses fenômenos, eram interpretados como intervenções de Deus.

A relação entre o espiritismo e a ciência, no entanto, nunca foi uma relação de reciprocidade, ou seja, enquanto o espiritismo nasceu com vistas ao avanço científico, o contrário não ocorreu. Conforme dissemos anteriormente, as pesquisas científicas em torno desse tema são bastante tímidas em quantidade até os dias de hoje; além dos motivos já citados, podemos também acrescentar um segundo aspecto que, embora secundário, nos ajuda a entender por que as pesquisas científicas nunca se debruçaram a fundo sobre o assunto.

O meio científico no mundo é cercado por certo ar de arrogância e superioridade em relação a certos temas. Sob esse ponto de vista, determinados temas serão quase que absolutamente ignorados como objeto de pesquisa; mais do que isso, são considerados de pouca relevância para a ciência. Como exemplo, podemos citar temas cuja abordagem no meio científico foi bastante tímida nos últimos cem anos: prática da meditação e seus benefícios à saúde, prática da acupuntura (só muito recentemente passou a ser estudada com mais seriedade), os saberes milenares que vêm das tradições indígenas e africanas como rituais de cura e tratamento com ervas para diferentes doenças, a utilização dos remédios chamados homeopáticos, enfim diferentes aspectos de saberes ancestrais que a atividade de pesquisa científica nunca havia dado muita atenção.

ALLAN KARDEC E A CRIAÇÃO DO ESPIRITISMO

Nascido em Lyon na França, no dia 3 de outubro de 1804, filho do juiz Jean-Baptiste Antoine Rivail e de Jeanne Louise Buhamel, seu pai e seu avô paterno eram advogados de renome na região de Bourg--en-Bresse, cidadezinha de origem romana a 70 km de Lyon. De família burguesa, Allan Kardec apresentava, desde cedo, inclinação aos estudos. Aos 10 anos de idade, foi aprovado no Instituto de Educação Pestalozzi, em Yverdun, Suíça. O Instituto havia sido fundado, em 1805, pelo intelectual e filósofo suíço Johann Heinrich Pestalozzi. Indivíduo de notável intelectualidade, seu pensamento e metodologia desempenharão papel fundamental nas concepções de Allan Kardec sobre o espiritismo. A preocupação com a difusão do conhecimento para os mais pobres era parte fundamental da concepção educacional de Pestalozzi; além disso, seu método defendia, em linhas gerais, os seguintes preceitos:

- Primeiro, o processo de ensino deve partir do elemento mais simples e progredir de maneira gradativa para esquemas mais complexos, sugerindo a ideia de etapas de desenvolvimento de aprendizagem.

- Segundo, a relação ensino/aprendizagem deve respeitar o tempo de aprendizagem, respeitar as diferenças de cada aluno.
- Terceiro, nas escolas e instituições de ensino, não deveria haver provas ou exames, castigos (nessa época o castigo físico na escola era comum) ou qualquer tipo de recompensa; a educação deveria servir para o enriquecimento intelectual de todos.
- Quarto, a aprendizagem deve ser fruto da observação e da percepção, buscando sempre o equilíbrio entre teoria e prática, algo que ficou conhecido no meio pedagógico como *"aprender fazendo"*.

É possível identificar muitos desses aspectos da metodologia criada por Pestalozzi na doutrina revelada a Allan Kardec. Naturalmente, essa influência pode ser ainda maior, se fizermos um estudo comparado aprofundado; todavia, para nossa discussão, vamos tomar em consideração, nesse opúsculo, apenas alguns preceitos. Na doutrina espírita, a evolução do espírito ocorre através de diferentes encarnações, diferentes etapas de aprendizagem em que em cada encarnação se deve praticar a bondade, a caridade, o altruísmo, a tolerância; a evolução desse processo chega até o chamado ponto zero, sugerindo a ideia de etapas evolutivas de aprendizagem, tal como prega o método criado por Pestalozzi.

> O ensino deve começar pelo elemento mais simples e progredir gradualmente, de acordo com o desenvolvimento da criança. O tempo de ensino deve respeitar as diferenças de aprendizagem de cada aluno até este alcançar o domínio completo do conhecimento. Nas suas escolas não havia provas ou notas, castigos ou recompensas. O aluno não era reprovado. O objetivo central do ensino é o desenvolvimento da inteligência e não apenas transmissão de conhecimento. Para Pestalozzi, mais importante do que o conteúdo é o desenvolvimento das habilidades e dos valores. A aprendizagem deve ser produto da observação e da percepção. Baseada na ciência, deve-se unir a teoria e a prática. O ideal é "aprender fazendo". O processo educativo deve englobar três dimensões humanas: a intelectual, a física e a moral. As relações entre o professor e o aluno devem ser fundamentadas na fraternidade.[6]

---

6. https://www.grupofeller.com.br/single-post/2017/11/18/voc%C3%AA-conhece-o-m%C3%A9todo-de-ensino-pestalozzi, acessado em 20/06/2021

O desenvolvimento intelectual começa na infância e continua pelo resto da vida. A humanidade teria sua própria infância no chamado estado natural e, devido à necessidade de constante evolução, tanto dos homens quanto das diferentes sociedades, sai de estágios infantis de desenvolvimento para estágios cada vez mais evoluídos.

No método Pestalozzi, a criança não é um agente passivo de conhecimento. Ela traz em si toda uma vivência presente em seu meio social. A escola e o ensino devem atuar dentro dos parâmetros de conhecimentos dos estudantes, ou seja, nesse método, a criança é um sujeito crítico dotado de inteligência e que a relação de ensino/aprendizado deve ter esse fato como ponto de partida.

Outro aspecto importante do método, que vai influenciar diretamente o pensamento de Allan Kardec na criação da doutrina espírita, está no fato de a aprendizagem ser fruto da observação e da percepção. É exatamente esse um dos aspectos que ele vai utilizar quando começar a frequentar as reuniões das mesas girantes na França. Atento a tudo o que estava ocorrendo, anotando resultados, selecionando fontes confiáveis, aplicou na análise dos fenômenos espirituais e na própria criação da doutrina, tanto a observação atenta dos fenômenos quanto a percepção ativa de seus resultados. Além disso, a ideia de unir teoria e prática ou o "aprender fazendo" revela também essa propensão de Allan Kardec de provar *in loco*. Uma atitude antropológica por parte dele, uma vez que, para formar a futura doutrina, era fundamental para ele a seriedade irrevogável da prova científica; além disso, estar presente, vivenciando aquela experiência, para a comprovação ou não de suas hipóteses, era parte essencial do processo. Algo que pode ser considerado absolutamente vanguardista, visto que a própria antropologia seria criada somente a partir de 1870 (Allan Kardec morreu um ano antes).

Como estudante do Instituto Pestalozzi, Allan Kardec mostra-se um prodígio, levando ainda muito cedo seu nome, ou melhor suas iniciais H.L.D. Rivail, a estampar mais de vinte livros didáticos adotados em escolas e universidades da França. Aos 18 anos, publicou sua primeira obra didática com o título "Curso Prático e Teórico de Aritmética", que será republicado pelos anos seguintes como obra de referência. Com uma carreira acadêmica já bastante consolidada, somente aos 51 anos é que Allan Kardec terá seus primeiros contatos com os fenômenos das mesas giratórias. Vale lembrar que essas reuniões, que aguçavam tanto a curiosidade da classe média urbana, já eram assistidas de Nova York a Londres quando chegaram à França, na segunda metade do século XIX.

A princípio, o comparecimento de H.L.D. Rivail nas reuniões se dava porque era muito comum, naquela época, que os responsáveis por esses espetáculos chamassem pessoas notórias da sociedade, para que pudessem, posteriormente, dar seus testemunhos sobre os fenômenos ali presenciados. No caso de Rivail, era também uma forma de, ele próprio, reafirmar sua total descrença e incredulidade naqueles fenômenos. Ele, inclusive, após assistir à primeira mesa girante na casa da sonâmbula senhora Roger, fez a seguinte afirmação: *"Elas falam! Interrogadas, respondem. Uma das mesas usou os pés para ditar magníficas composições literárias e musicais. Só acreditarei se me provarem que uma mesa tem cérebro para pensar e nervos para sentir"*[7].

Outro motivo pelo qual a presença de um homem cético, da ciência, era esperada naquele tipo de evento se dava também para descobrir onde estava o truque, onde havia fios escondidos ou outros dispositivos que pudessem revelar o segredo daqueles fenômenos inexplicáveis. Uma espécie de auditor paranormal. Essa validação era muito importante, porque havia, naquela época, toda uma exploração de fenômenos paranormais em espetáculos públicos. Convém lembrar que, no princípio, as mesas girantes eram, inclusive, apresentadas em "freaks shows" (do inglês, "show de horrores"), que consistiam em espetáculos itinerantes que exploravam a imagem de pessoas portadoras de deficiência física e intelectual, de exotismos, de fenômenos inexplicáveis e de outras "bizarrices".

---

7. SOUTO, Marcel. *Kardec: A biografia*. São Paulo: Record, 2013. pp 18.

A própria imprensa da época publicava matérias ironizando a espetacularização desses eventos. Em uma dessas matérias do jornal *L'Illustration*, lemos o seguinte: *"Jovem mesa, de exterior simpático, que fala várias línguas e conhece um pouco de aritmética e muitas histórias, pede um lugar de intendente de finanças"*[8]. Em outro trecho do mesmo jornal, uma ilustração de um estudante encostado em sua cadeira, de braços cruzados, enquanto visualiza a mesa à sua frente com um lápis preso em uma das pernas e fazendo seu dever de casa; esse garoto diz o seguinte: *"Os castigos escolares... Ora! Deles não mais faço caso. As mesas foram feitas para trabalhar, portanto, faço trabalhar a minha!"*[9].

Com esse clima de deboche e ironia com relação aos fenômenos das mesas girantes, era de se esperar que Kardec tivesse todos os motivos do mundo para desconfiar da veracidade daqueles fenômenos, ainda mais sendo ele uma pessoa respeitável, no meio científico e acadêmico. Para mudar essa incredulidade de Allan Kardec, seria necessária uma série de eventos e acontecimentos absolutamente inexplicáveis do ponto de vista da ciência. E essa mudança vai começar a ocorrer quando ele assiste, em 1855, a uma sessão na casa da uma mulher, conhecida como senhora Plainemaison, em que as mesas giravam e se mexiam sem que houvesse qualquer forma de interferência humana.

---

8. IDEM, 22
9. Ibidem, 23

Ele descreveu essa experiência da seguinte maneira:

> *"Entrevi, naquelas aparentes futilidades, no passatempo que faziam daqueles fenômenos, qualquer coisa de sério, como a revelação de uma nova lei que tomei a mim investigar a fundo. Havia um fato que necessariamente decorria de uma causa. As mesas giravam, saltavam e corriam em tais condições que não deixavam lugar para qualquer dúvida"*[10].

Embora esse fenômeno o tivesse realmente impressionado, ainda assim, não seria essa experiência, isoladamente, que mudaria seu ponto de vista sobre a inexistência inequívoca dos espíritos. Mas esse experimento foi o elemento propulsor para que ele lançasse um olhar mais atento e mais sério sobre esse assunto e, a partir de então, começou a investir seu tempo e seus conhecimentos para desvendar qual era o segredo por de trás daqueles intrigantes fenômenos.

Nesse ponto, para que possamos compreender melhor a importância das "mesas girantes" naquele momento histórico, é importante que mergulhemos um pouco mais no universo dos "freak shows". Na segunda metade do século XIX, os grandes centros urbanos da Europa estavam

---

10. Ibidem, 29

em franca ebulição. De Londres a Paris, de Nápoles ao império Austro-Húngaro, a burguesia se fortalecia e crescia em tamanho e poder nos centros industrializados. Um dos principais tipos de entretenimento, voltado especificamente para essa classe social, será conhecido popularmente à época como show de variedades ou Vaudeville. A origem do nome vem da expressão em francês *"voix de ville"* (*"voz da cidade"*).

De modo geral, esses shows eram realizados em teatros e constituíam a principal forma de entretenimento noturno para a incipiente classe burguesa. Eram espetáculos que interligavam uma série de atos com um enredo muito simples e de viés cômico. Entre uma atração e outra, era comum a apresentação de mágicos, hipnólogos, anões, mulheres barbadas, pessoas portadoras de alguma deficiência, e outros mistérios, enigmas e misticismos que aguçavam a curiosidade e mexiam com as mentes e os corações dos homens e das mulheres do século XIX.

Entre os temas de interesse desse público, estava, justamente, a possibilidade de contato com o mundo dos mortos. Essa era a parte mais esperada desses shows de variedades. Uma pessoa com esses dons realizava ao vivo feitos como a movimentação de objetos sem a ajuda das mãos, barulhos vindos de lugares misteriosos e mensagens do além transmitidas por meio de um estado de transe ou hipnose.

Em pouco tempo, devido ao sucesso e ao fascínio

que essa prática estava despertando nas pessoas, ela vai se deslocar dos shows de variedades e vai tomar o espaço privado das casas de algumas famílias tradicionais da França. Nas casas, as sessões eram organizadas, na maioria das vezes, pelos próprios donos, e tinham a vantagem de manter o sigilo daqueles que estavam na reunião. Isso porque, na sociedade burguesa do século XIX, não eram vistos com bons olhos cidadãos de alta classe que frequentavam teatros com dançarinas de pernas e barrigas de fora. Trazer as sessões mediúnicas para um espaço privativo, controlado e elitista, possibilitou, portanto, que atraíssem setores mais exclusivos da sociedade burguesa. Assim, passaram a ser cada vez mais frequentadas por pessoas de certa notoriedade, como jornalistas e cientistas que, impactados pelo que viam, passaram a escrever suas impressões em jornais e revistas. É nesse contexto que o acadêmico Hippolyte Léon Denizard Rivail, assim como outros cientistas da época, vão presenciar e escrever sobre essas reuniões.

Como já mencionado anteriormente, a sessão, que pode ser considerada como a reviravolta na vida de Rivail, foi realizada na casa da família Plainemaison. O primeiro ponto que se deve ressaltar é que, na casa da família Plainemaison, não se cobrava nenhuma quantia em dinheiro para se assistir às sessões. Essa particularidade colocava essas sessões em patamar diferenciado, uma vez que, para se participar da maioria dos eventos desse tipo, cobrava-se entrada. Já foi frisado que a vantagem financeira advinda da prática mediúnica será um dos aspectos questionados por Allan Kardec mais adiante, em sua obra "O livro dos espíritos", porquanto colocaria em cheque a idoneidade dos médiuns. Dessa forma, o fato de não usar suas sessões com objetivos financeiros, dava à senhora Plainemaison, em princípio, certa credibilidade.

Depois de assistir a algumas sessões na casa da senhora Plainemaison, entre os anos de 1852 e 1853, Rivail é diagnosticado com um problema na vista que poderia levá-lo à cegueira. Os problemas de visão do professor já o estavam impedindo de ler e escrever. Após a realização de exames, foi diagnosticada "amaurose" (perda temporária ou permanente da visão), com comprometimento sério do nervo ótico. Possivelmente tratável nos dias atuais, para a ciência do século XIX, contudo, o professor poderia se preparar para a perda total da visão. Ao se deparar com o diagnóstico, Rivail procura a opinião da senhora Plainemaison que lhe receitou uma mistura de ervas com água, que deveria ser colocada nos olhos duas vezes ao dia. Seguindo esses aconselhamentos, em quinze dias ele já apresentava melhora e, em um mês, já estava completamente curado.

Essa cura, além de inexplicável para ele, mudaria para sempre o modo cético como estava abordando os fenômenos espíritas até então. Todavia, conforme já dissemos anteriormente, o encontro que será considerado, de fato, uma revelação para Rivail será o ocorrido, também na casa da senhora Plainemaison, com as jovens Caroline e Julie Baudin (que tinham apenas 16 e 14 anos de idade, respectivamente). Esse encontro pode ser tomado como o grande divisor de águas na vida do professor. Uma verdadeira revelação, no sentido mais sagrado da palavra.

Ambas as jovens atraíam dezenas de curiosos para as reuniões promovidas por seus pais em casa. As jovens escreviam, em papel, mensagens precisas dos mortos para pessoas vivas. O que mais impressionava nas irmãs era o grau de precisão das informações transmitidas por elas. Detalhes de vida em família que somente poderiam ser conhecidos pelas pessoas que tinham vivenciado aquela situação. Essa fundamental experiência foi relatada por Allan Kardec da seguinte maneira: *"Entrevi, naquelas aparentes futilidades, no passatempo que faziam daqueles fenômenos, qualquer coisa de sério, como a revelação de uma nova lei, que tomei a mim investigar a fundo. Havia um fato que necessariamente decorria de uma causa."*[11]

E com a experiência de quem já havia escrito vários materiais didáticos, Rivail vai dedicar boa parte de seus estudos debruçando-se sobre as psicografias das irmãs Caroline e Julie Baudin. E como a linguagem acadêmica e científica

---

11. Ibidem, 31

era pouco acessível ao público, a saída encontrada por Rivail tinha sua origem na filosofia clássica. Tratava-se de listar perguntas e respostas numericamente, lado a lado. Na prática, na coluna da esquerda, estariam as perguntas feitas aos espíritos e, na mesma página, as respostas enumeradas, por vezes acompanhadas de observações e impressões de Rivail, sempre representadas na forma de notas à parte.

Esse formato de divulgação e registros das psicografias das irmãs Caroline e Julie Baudin será adotado também em todas as obras de Allan Kardec, entendendo essa ser a forma mais didática de separar o que constituía as revelações do mundo dos mortos daquilo que eram perguntas feitas por ele próprio aos espíritos.

Além disso, segundo ele, depois de ouvir as revelações feitas pelas irmãs Baudin, e por outros médiuns de Paris, deveria lançar sua primeira obra voltada ao espiritismo, adotando seu nome de outras encarnações: Allan Kardec. Algo que poderia ser considerado desastroso do ponto de vista editorial, visto que o nome Rivail já tinha grande notoriedade no meio acadêmico, além de constar como autor de muitos outros livros de cunho educacional. Ou seja, enquanto o nome Rivail era bastante conhecido e respeitado, o nome Allan Kardec era absolutamente desconhecido na Europa, algo que não seria benéfico para a promoção e venda de sua futura obra "O livro dos espíritos".

Um dos médiuns, que lhe revelou o nome, era conhecido

como senhor Zéfiro; revelou-o a ele em uma sessão na casa das irmãs Baudin e envolvia a história de suas outras encarnações, representadas cada uma delas nas onze letras do novo nome. Segundo o espírito que lhe revelara esse nome de vidas passadas, os dois conviveram juntos na Gália dos Druidas e na conquista desse território pelas tropas romanas de Júlio Cesar, no século I a.C.. Conforme foi assinalado no capítulo *"Religião ou doutrina espírita"*, os druidas foram um dos primeiros povos na Europa a acreditar na reencarnação. Segundo essa tradição, a existência e continuidade da alma passaria pela chamada lei das almas ou lei das tríades que, em linhas gerais, pode ser expressa como: *"honrar os seres superiores, não cometer injustiça e cultivar em si a virtude viril"*.

Os mais céticos, que não acreditavam na conversão do respeitável professor Rivail, argumentavam que ele utilizava um pseudônimo para resguardar seus livros já lançados de possíveis boicotes do governo e do mercado da época. Ou seja, o público acadêmico não iria tolerar que um distinto pesquisador estivesse estudando, através de rigorosa metodologia científica, algo que era tão desprezado pela ciência naquela época: o mundo dos espíritos. A despeito do que pensavam os críticos, será com o nome Allan Kardec que a mensagem do espiritismo chegará a todas as partes do mundo, de tal modo que, nos dias de hoje, poucas pessoas, mesmo entre as do meio acadêmico, sabem quem é o professor e pesquisador Hippolyte Léon Denizard Rivail.

PRECEITOS BÁSICOS DA DOUTRINA ESPÍRITA

Do ponto de vista dogmático, a doutrina espírita se vincula à tradição judaica e ao cristianismo, embora faça uma profunda reinterpretação dessas duas tradições religiosas. No caso da tradição judaica, a doutrina espírita vai adotar e reinterpretar toda a narrativa de Abraão a Moises, aceitando a premissa básica do judaísmo, isto é, o monoteísmo, que é a crença em um único Deus criador, denominado no espiritismo como inteligência suprema. Desse modo, a comunicação entre Deus e o homem ou entre os espíritos e o próprio homem ocorre desde épocas remotas. Por exemplo, quando Moisés subiu ao Monte Sinai e voltou com os 10 mandamentos, ali estava sendo revelada a ele uma mensagem de Deus, cuja missão era trazer paz e justiça ao mundo dos homens.

Do ponto de vista teórico, podemos dizer que a doutrina espírita segue, pelo menos em partes, a suma teológica de Tomás de Aquino, que acreditava que Deus seria uma inteligência suprema que criou o primeiro movimento do universo e que deu origem a todos os movimentos, numa relação de causa e efeito. Todavia, a chegada da era cristã apresenta uma nova perspectiva na relação entre as revelações de Deus e o próprio homem. Nesse aspecto, Allan Kardec tece a seguinte ponderação sobre a era cristã: *"Mais tarde, quando o tempo é chegado, Deus envia um homem com a missão de resumir, coordenar e completar esses elementos esparsos, e de criar um corpo para a doutrina."*[12] Nesse sentido, Allan Kardec encontra um fio condutor para a doutrina espírita que tem seus primórdios nas narrativas dos judeus e encontra em Cristo sua forma mais acabada, para posteriormente, com chegada da nova era do espiritismo, serem reveladas aos homens outras formas de relação entre os homens e Deus.

Para o espiritismo, Jesus Cristo não é o messias, como creem os católicos e protestantes, mas sim um espírito evoluído, um guia, um modelo para ser seguido por toda a humanidade. Mas as mensagens metafóricas de Cristo deveriam ser interpretadas sob a luz da nova era científica do século XIX. O espiritismo nasceu para completar ou re-interpretar, sob essa óptica, os ensinamentos deixados por Cristo, numa constante evolução de ensinamentos, que envolvem o aprendizado da moralidade do espírito e que, dentre outros aspectos, incluem amar e ajudar ao próximo, praticar a caridade, ajudar aos necessitados, etc.

Para melhor compreendermos os princípios básicos da doutrina desenvolvida por Allan Kardec, vamos aprofun-

---

12. KARDEC, Allan. *O evangelho segundo o espiritismo.* São Paulo: Petit. 1997. Pp27.

dar nossa análise na primeira obra dele, denominada *"O livro dos espíritos".* Isso porque nele se encontram as bases fundamentais dessa religião. Um livro extremamente complexo em termos de conhecimento e que sua compreensão absoluta pode levar uma vida. As demais obras de Allan Kardec são: *"Livro dos médiuns* (1861), *"O Evangelho segundo o espiritismo"* (1864), *"O céu e o inferno"* (1865), *"A gênese"* (1868), que, juntamente com *"O livro dos espíritos"* (1857), formam o chamado: *"Pentateuco Kardequiano".* Para a análise das demais obras, seria necessário um estudo muito mais amplo do que podemos desenvolver aqui.

Dessa forma, para possibilitar uma análise ainda mais específica de *"O livro dos espíritos",* selecionamos as seguintes partes: Introdução, Livro I, Livro II e Livro III (lei divina ou natural, lei do trabalho e lei do progresso). A escolha dessas partes ocorreu por parecer estar contido nelas o arcabouço principal do livro e, portanto, constitui a coluna vertebral dessa obra seminal do espiritismo.

A obra foi dividida por Allan Kardec em uma introdução, quatro outras partes denominadas por ele de livros, e finalizada com as conclusões. Logo na introdução Allan Kardec aponta para a diferença de significado entre as palavras espiritismo e espiritualismo. *"Para coisas novas necessitamos de palavras novas"*[13]. Isso porque a palavra

---

13. KARDEC, Allan. *O livro dos espíritos.* São Paulo: Lake, 2000. pp 24

espiritualismo já era amplamente conhecida e tinha um sentido bastante específico naquela época. Utilizava-se a palavra espiritualismo para identificar uma pessoa que tivesse alguma crença em uma existência após a morte. Já no caso da palavra espiritismo, se inaugurava uma nova perspectiva, em que, além da crença na imortalidade da alma, também se acreditava na reencarnação e na existência de um mundo complexamente organizado, sob regras rígidas, que pressupunha a evolução dos indivíduos e dos espíritos. Por esse motivo a ideia de que, para coisas novas, a necessidade de palavras novas.

Marca-se, a partir dessa perspectiva, a ideia de que o espiritismo é uma nova religião, mas também uma doutrina a ser ensinada e aprendida ao longo de um demorado processo em que o fim da vida não representa o fim do aprendizado.

Já na introdução de *O livro dos espíritos*, Allan Kardec aponta, no item VI, um resumo importante do que é a doutrina:

> *Constituem o mundo espiritual, como nós constituímos, durante a nossa vida, o mundo corporal. Resumimos em poucas palavras os pontos principais da doutrina que nos transmitiram, a fim de mais facilmente responder a certas objeções: "Deus é eterno, imutável, imaterial, único todo-poderoso, soberanamente justo e bom. Criou o universo, compreende todos os seres animados e inanimados, materiais e imateriais. Os seres materiais constituem o mundo visível ou corporal e os seres imateriais o mundo*

invisível ou espírita, ou seja, dos Espíritos. O mundo espírita é o mundo normal, primitivo, eterno, preexistente e sobrevivente a tudo. O mundo corporal é secundário; pode deixar de existir ou nunca ter existido, sem alterar a existência do mundo espírita. Os espíritos revestem temporariamente um invólucro material perecível e sua destruição pela morte devolve à liberdade. Entre as diferentes espécies de seres corporais, Deus escolheu a espécie humana para a encarnação dos espíritos que chegaram a um certo grau de desenvolvimento, o que lhes dá superioridade moral e intelectual perante as demais. A alma é um Espírito encarnado e o corpo é apenas o seu invólucro." [14]

O primeiro ponto importante a ressaltar nesse trecho é a concepção de Deus a partir do mesmo pressuposto judaico de um Deus único e eterno, criador do céu e da terra e de todas as coisas do universo, que, além de onisciente e onipresente, é soberano e justo. Nesse trecho, a principal mudança em relação à tradição judaica está a partir do momento em que Allan Kardec explica a diferença entre o mundo das coisas materiais e o mundo das coisas imateriais.

Segundo ele, o mundo espírita existe a priori, existe antes do próprio homem, antes das coisas vivas, e sempre esteve ali. Já o mundo corporal ou mundo das coisas ma-

---

14. IDEM, 32.

teriais é secundário, pode deixar de existir ou nunca ter existido, sem com que isso tenha qualquer interferência no mundo imaterial. Os espíritos, por sua vez, revestem por um tempo um invólucro material perecível denominado corpo humano, que nasce com a certeza de sua finitude. Quando o corpo termina seu período de vida, o espírito é devolvido à sua liberdade e vai continuar sua jornada evolutiva em novas encarnações.

Essa prerrogativa separa o espiritismo tanto do judaísmo quanto do cristianismo que creem, de maneira geral, que após a morte o espírito é julgado segundo suas ações em vida, podendo ou não encontrar o descanso no paraíso. Na concepção do espiritismo, o espirito continua sua jornada de aprendizado mesmo após a morte. E, mais do que isso, nas encarnações seguintes, o espírito vai precisar aprender tudo aquilo que não aprendeu nas existências materiais anteriores. Questões como traumas, medos, defeitos de personalidade e outros aspectos da vida e da evolução espiritual são compreendidos como uma nova chance de se corrigir aquilo que não foi possível melhorar em uma existência passada.

Outra particularidade importante, que diferencia o espiritismo das demais religiões monoteístas, está em sua visão daquilo que é chamado de "perispírito". Segundo a doutrina espírita, a alma é transitória e está em constante evolução. O corpo é seu invólucro físico, perecível e passageiro, enquanto o perispírito é o liame que une o corpo ao espírito, um invólucro semimaterial. Ele é, assim como a alma, invisível para nós em seu estado normal, mas pode se tornar visível ou mesmo tangível em certas ocasiões. E é justamente por meio do perispírito que os espíritos atuam sobre a matéria e produzem os fenômenos mediúnicos que conhecemos.

O último aspecto importante que devemos ressaltar no trecho transcrito acima está na seguinte afirmação: *"Deus escolheu a espécie humana para a encarnação dos espíritos que chegaram a um certo grau de desenvolvimento, o que lhes dá superioridade moral e intelectual perante as demais."* Nesse sentido, é importante fazer a seguinte ressalva: na doutrina espírita, animais e humanos possuem espírito, mas em diferentes linhas evolutivas. A diferença é que os animais não possuem ainda a consciência de si e por isso a evolução do espírito ocorre por meio da transmigração e, um dia, quando ganharem a liberdade de escolha e a consciência de si, podem reencarnar como homens. Não obstante, é preciso pontuar que a superioridade moral e intelectual dos homens, segundo os espíritas, não lhes dá o direito de subjugar as outras espécies. Ou seja, os seres humanos não têm o direito de maltratar ou escravizar os animais por estarem em uma condição superior na evolução espiritual. Muito pelo contrário, essa condição deve fornecer aos homens a responsabilidade de cuidar bem e de tratar com todo o amor e carinho de todos os seres vivos sobre a terra.

Dando continuidade à nossa análise, o livro primeiro, denominado de *"As causas primárias"*, inicia com um tema bastante complexo: Deus. Nele, Allan Kardec faz a seguinte indagação aos espíritos: *"Onde podemos encontrar a prova da existência de Deus? Num axioma que aplicais às vossas ciências: não há efeitos sem causa. Procurai a causa de tudo o que não é obra do homem e vossa razão vos responderá".*[15] Para entendermos melhor essa resposta, a primeira coisa que precisamos saber é o significado da palavra axioma. O dicionário de filosofia traz a seguinte definição:

> *Originalmente, o termo axioma significa dignidade. Por derivação, chamou-se axioma aquilo que é digno de ser estimado, acreditado ou valorado. Assim, na sua acepção mais clássica, o axioma equivale ao princípio que, pela sua própria dignidade, isto é, por ocupar certo lugar num sistema de proposições, se deve considerar como verdadeiro.*[16]

De fato, podemos afirmar que um axioma é uma certeza dentro de um sistema de entendimento, ou seja, são princípios evidentes que constituem o fundamento básico de uma ciência ou sistema de pensamento. Quando os espíritos são indagados por Allan Kardec sobre onde podemos encontrar a presença de Deus e respondem *"num axioma que aplicais às vossas ciências",* eles querem dizer,

---

15. Ibidem, 55
16. MORA, José Ferrater. *Dicionário de Filosofia.* Lisboa: Publicações Dom Quixote, 1982. Pp 44.

em linhas gerais, mais ou menos isso: escolha uma certeza já consagrada pelos estudos científicos, tal qual, por exemplo, a força da gravidade. Investigue suas causas até a exaustão e aquilo que não tiver mais uma causa explicável pela razão humana, certamente ali estará Deus. A ideia de que tudo na natureza tem uma causa e um efeito foi desenvolvida, primeiramente, no século IV a. C., pelo filósofo grego Aristóteles. Nesse ponto se faz necessária uma explicação mais detalhada sobre o que é essa tese, pois ela fundamenta parte da resposta dada pelo espírito a Allan Kardec sobre "*onde podemos encontrar a prova da existência de Deus?*". Nesse sentido, o dicionário de filosofia nos traz a seguinte explicação sobre essa tese aristotélica.

> *A mais célebre e influente doutrina aristotélica a esse respeito é a classificação das causas em quatro tipos: a causa eficiente, que é o princípio da mudança; a causa material, ou aquilo do qual algo surge ou mediante o qual virá a ser; causa formal, que é a ideia ou paradigma; a causa final ou o fim, a realidade para que algo tende a ser. Todas as causas concorrem para a produção de algo – a produção do efeito – a causa final. A causa final é o bem por excelência.*[17]

---

17. IDEM, 57.

A causa eficiente, como princípio da mudança, pode ser classificada, dentro da concepção de Allan Kardec, com o surgimento do Evangelho, que marca a ideia de um deus clemente e misericordioso. A causa material como fundamentação do mundo das coisas materiais, o mundo das formas, da matéria e do próprio homem, a causa formal que corresponde ao conceito, a ideia em si, o que pode ser entendido como o próprio espírito, em constante evolução e aprendizado. E por fim, a causa final, denominada como o bem por excelência, ou seja, a causa final da existência é Deus. Notoriamente, Aristóteles é também o primeiro filósofo da antiguidade clássica a estudar o conceito de axiomas; além disso, essa concepção aristotélica de causa e efeito será retomada, séculos depois, na Idade Média, pela Suma Teológica de Tomás de Aquino. O curioso dessa concepção é que, de fato, até os dias de hoje se concebe a ideia de que a ciência, por mais avançada que esteja, ainda não conseguiu descobrir qual seria a primeira causa de todas as coisas no universo e talvez esteja aí a veracidade da resposta dada a Allan Kardec nessa pergunta feita aos espíritos.

No livro segundo, denominado de "*Mundo espírita*" ou "*dos espíritos*", Allan Kardec começa tratando sobre a origem e a natureza dos espíritos. "*Como podemos definir os espíritos?*", pergunta ele. "*Podemos dizer que os espíritos são os seres inteligentes da criação. Eles povoam o universo, além do material.*" Em suma, os espíritos são anteriores ao homem e ao mundo material, habitam outros mundos, mas estão submetidos à vontade de Deus. Isso não significa que todos os espíritos são bons. Existe uma divisão em 3 ordens principais. A primeira ordem é formada pelos espíritos que já alcançaram a perfeição, denominados de espíritos puros; a segunda ordem é formada pelos espíritos que desejam fazer o bem, mas que ainda *"têm provas a sofrer"*; e na terceira ordem estão os espíritos imperfeitos que são caracterizados pela ignorância e pelo desejo de fazer o mal. Todavia, nem todos os espíritos dessa ordem são maus. Alguns não fazem nem bem nem mal; em sua maioria, contudo, espíritos dessa ordem se satisfazem com o sofrimento alheio. Ainda são revelados a Allan Kardec dois outros tipos de espíritos: os levianos ou estouvados, mais voltados para travessuras e traquinagens do que propriamente para a maldade. Encontram prazer em causar pequenas confusões ou desavenças.

Em outro ponto desse livro, Allan Kardec faz a seguinte pergunta aos espíritos: *"Por que alguns espíritos seguiram o caminho do bem, e outros o caminho do mal?"* E os espíritos lhe respondem o seguinte: *"Não têm eles o livre-arbítrio? Deus não criou espíritos maus; criou-os simples e ignorantes, ou seja, tão aptos para o bem quanto para o mal; assim se tornam por sua vontade".*[18]

---

18. Ibidem, 87

O livre-arbítrio é também uma característica do mundo dos homens, isto é, a livre capacidade de escolha, seja ela boa ou ruim, sem que haja a interferência de Deus ou de qualquer outra entidade. Em um sentido amplo, isso significa que, assim como o espírito mau, de terceira ordem, teve chance de escolher entre o bem o mal, o homem no mundo material também o teve. O livre-arbítrio é o que nos torna donos de nosso próprio destino.

Mas será mesmo que todas as pessoas sobre a terra, que optaram por um comportamento moral considerado errado, tiveram amplas chances de escolha? Imaginemos as enormes contradições que envolvem as diferentes chances de oportunidade em um Brasil profundamente desigual. Uma pessoa de classe média alta teve o mesmo "livre-arbítrio" que uma pessoa que mora numa área de esgoto a céu aberto, sem acesso a saneamento básico, convivendo diariamente com os efeitos da violência e do racismo estrutural da sociedade brasileira? A reposta é não. Isso significa que o conceito de livre-arbítrio deve ser tratado dentro de suas limitações e analisado cuidadosamente dentro das diferentes realidades e situações. Não obstante, se no mundo dos espíritos as oportunidades de evolução são plenamente iguais, então a questão do livre-arbítrio, nesse caso, tende a ser mais justa do que na vida material.

O livro terceiro tem o título de "*As leis morais*". Ele é subdividido em leis de diferentes áreas: Lei divina ou natural;

Lei de adoração; Lei do trabalho; Lei da produção; Lei de conservação; Lei da destruição; Lei de sociedade; Lei do progresso; Lei de igualdade; Lei de liberdade; e Lei de justiça, amor e caridade. Importante dizer que o conceito de "lei" empregado por Allan Kardec, nesse capítulo, tem um sentido mais relacionado à natureza, tal qual o fluir de um rio, e não no sentido de regra ou norma.

Por último, o livro três termina com o capítulo *"Perfeição moral".* Não seria possível neste opúsculo analisar profundamente todas as leis morais acima apontadas. Vamos destacar apenas três delas para nossa análise. Em ordem: *"Lei divina ou lei natural", "Lei do trabalho"* e *"Lei do progresso".*

O livro terceiro começa com *"Lei divina ou natural".* Allan Kardec inicia fazendo a seguinte pergunta ao espírito da verdade: *"O que se deve entender por lei natural?"* E o espírito responde: *"É a lei de Deus; é a única necessária à felicidade do homem. Ela lhe indica o que ele deve fazer ou não fazer e ele só se torna infeliz porque dela se afasta".* Ainda, segundo os espíritos, *"Todas as leis da natureza são leis divinas, pois Deus é o autor de todas as coisas. O sábio estuda as leis da matéria, o homem de bem as da alma e as segue."*

Allan Kardec segue perguntando: *"Onde estão escritas as leis de Deus?"* O espírito da verdade responde: *"Na consciência"*[19]. Se as leis de Deus se encontram na consciência,

---

19. Ibidem, 220,222.

isso significa que, segundo essa revelação dos espíritos, existe uma ideia inata ao homem, ou seja, que está nele desde seu nascimento e mesmo antes disso, em vidas passadas. Essa concepção crê que, se a alma é imortal, ela carrega certas marcas ou características de vidas passadas, estando as leis de Deus na vida do homem desde muito tempo. Daí vem a ideia de que as leis de Deus estão na consciência de cada um desde o nascimento, como se fosse uma assinatura do próprio criador.

Ainda dentro dessa concepção, existem certas pessoas que Deus escolheu ao longo da história para revelar, explicar ou reafirmar suas leis perante a humanidade; essas pessoas são chamadas de espíritos superiores ou, dentro de outras religiões, profetas. Esses espíritos, quando encarnados, tendem a trazer a mensagem de Deus renovada. Dentre os chamados espíritos superiores, Jesus Cristo é considerado o mais perfeito. Segundo os espíritos. "*Jesus é para o homem o tipo da perfeição moral a que pode aspirar a humanidade na terra.*"

Essa interpretação sobre Jesus Cristo e a imortalidade da alma, defendida em *O livro dos espíritos,* vai deixar a Igreja católica de cabelos em pé. A Igreja católica, inclusive, vai lançar, no século XIX, uma bula papal em que declara: "*Ou a Igreja acaba com o espiritismo ou espiritismo acaba com a Igreja*." Devido ao crescimento da prática do espiritismo, a Igreja católica passa a considerá-la como pecado de necromancia, que consiste na adivinhação do futuro por meio do contato com os mortos. Com base nessa visão do catolicismo da época, em pouco tempo, os médiuns serão internados nos hospício como loucos.

A segunda lei do terceiro livro que vamos analisar é denominada *"lei do trabalho"*. Aqui, Allan Kardec faz a seguinte pergunta aos espíritos: *"A necessidade do trabalho é uma lei da natureza?"* E o espírito responde: *"O trabalho é uma lei da natureza e por isso é uma necessidade. A civilização obriga o homem a trabalhar mais, porque aumenta as suas necessidades e os seus prazeres".* Allan Kardec segue indagando: *"Só devemos entender por trabalho as ocupações materiais?".* A resposta dos espíritos é: *"Não; o espírito também trabalha, como o corpo. Toda ocupação útil é trabalho."* Allan Kardec então utiliza como tréplica: *"Por que o trabalho é imposto ao homem?"* Ao que os espíritos respondem: *"É uma consequência de sua natureza corpórea. É uma expiação e, ao mesmo tempo, um meio de aperfeiçoar a sua inteligência. Sem o trabalho, o homem permaneceria na infância intelectual; eis porque ele deve a sua alimentação, a sua segurança e o seu bem-estar ao seu trabalho e à sua atividade."*[20]

Aqui, o primeiro ponto é entender o trabalho como lei da natureza, ou seja, como fundamental para a existência humana e das sociedades. O trabalho é, desde a pré-história, a causa primeira do desenvolvimento em grupo, o que permitiria o desenvolvimento das primeiras cidades

---

20. Ibidem, 237

já no fim do neolítico. A questão é que, com o surgimento das primeiras cidades, também vai ocorrer o surgimento da primeira forma de propriedade, a propriedade da terra. A partir desse ponto, o trabalho passou a ser explorado de forma compulsória de crescimento e expansão militar. Prova disso é a formação dos primeiros impérios na Europa e na Ásia, como o Império babilônico, o da Grécia de Alexandre Magno, e o de Roma de Júlio César.

O segundo ponto que chama a atenção na resposta dada a Allan Kardec é a de que a *"civilização obriga o homem a trabalhar, porque aumenta as suas necessidades e os prazeres"*. Nesse caso, o que está sendo chamado de civilização é a sociedade europeia do século XIX. De fato, nesse período, o trabalhador urbano das fábricas exerce um trabalho extenuante, com jornadas de 18 horas diárias em condições insalubres e com um salário absolutamente insuficiente para uma vida digna. Ora, são essas as condições objetivas que levaram aos movimentos de reinvindicação, denominados de "primavera dos povos".

Outro ponto importante está no fato de o modo de produção capitalista realmente produzir novas necessidades a partir do desenvolvimento tecnológico e, com isso, aumentar também a exploração do trabalho. Por exemplo, a necessidade de rápida e prática locomoção criou o carro. A produção automobilística aumentou a demanda por operários nas fábricas. O que, por sua, fez aumentar as horas de trabalho do operário dentro das fábricas, uma vez que, para o carro ter um preço acessível, é necessária a produção de muitas unidades. De fato, o aumento das necessidades leva ao aumento proporcional da quantidade de trabalho a ser empregado. Contudo, é equivocado dizer, pelo menos em um sentido abrangente, que o aumento das necessidades caminha conjuntamente com o aumento dos prazeres. Muito pelo contrário. Com cargas tão extenuantes de trabalho, os momentos de prazer serão cada vez menores para os trabalhadores da Europa. Dessa forma, podemos depreender dessa máxima que, ao falar de "prazer", Allan Kardec, muito provavelmente, não está se referindo às classes operárias, visto que a satisfação desse direito acaba sendo exclusividade das classes burguesas. Não por coincidência será essa a classe que vai impulsionar a doutrina espírita na Europa.

O terceiro e último ponto que vamos analisar sobre "*A lei do trabalho*" está no fato de o espírito da verdade revelar a Allan Kardec que o trabalho faz parte da natureza corpórea, sendo ele um importante meio para aperfeiçoar a inteligência. Esse aspecto é, talvez, o mais nobre do trabalho, pois proporciona ao homem o exercício de sua mais alta criatividade. Isso quando o trabalho, evidentemente, não está associado à exploração de uma minoria em detrimento de uma maioria. Vale lembrar também que foi o trabalho criativo que levou a humanidade ao desenvolvimento das mais variadas formas de expressões artísticas, assim como o desenvolvimento das mais variadas formas de expressões culturais.

A derradeira Lei do livro terceiro que nos propusemos a analisar é a *"Lei do Progresso"*. Logo na abertura desse trecho, uma das perguntas feitas por Allan Kardec foi a seguinte: *"O homem pode retrogradar para o estado natural"*? E o espírito responde: *"Não, o homem deve progredir sem cessar e não pode voltar ao estado da infância. Se ele progride, é que Deus assim o quer; pensar em que ele pode retrogradar para a sua condição primitiva seria negar a lei do progresso."*[21]. Dentro do contexto social e político do século XIX, era bastante claro o entendimento de que se estava vivendo ali o auge da civilização humana. Mais do que isso, acreditava-se piamente que a humanidade estava evoluindo sempre rumo ao progresso. A analogia mais comum dessa época era comparar o desenvolvimento e o progresso da humanidade com o próprio desenvolvimento dos hominídeos na pré-história. O próprio conceito de pré-história, conforme já mencionado, nasceu nessa época, ou seja, no século XIX. A era da expansão e do avanço tecnológico dessa sociedade europeia seria a consequência direta de um ser humano totalmente evoluído e que estava sempre caminhando rumo ao progresso.

Essa concepção começará a ser questionada somente quando finalizada a primeira grande guerra e será completa-

---

21. Ibidem, 261

mente refutada ao final da segunda guerra mundial. As terríveis cenas do holocausto e das duas bombas sobre as cidades japonesas de Hiroshima e Nagasaki enterrariam de vez essa teoria de que a humanidade está sempre evoluindo rumo ao progresso. No entanto, a evolução dos seres humanos, enquanto representam um organismo vivo, esse sim não tem como retroceder: ou seja, o atual *homo sapiens* jamais vai voltar a ser um *homo neanderthalensis*, isso porque, nesse caso, podemos de fato falar de um profundo processo de evolução que levou milhões de anos para chegar até o estágio atual.

Ainda sobre a lei do progresso, especificamente no subitem terceiro, denominado *"Desigualdades sociais"*, Allan Kardec faz a seguinte pergunta ao espírito: *"A desigualdade das condições sociais é uma lei natural?"* O espírito responde: *"Não; é obra do homem e não de Deus".* E Allan Kardec continua: *"Essa desigualdade desaparecerá um dia?"* O espírito responde: *"Só as leis de Deus são eternas. Não a vê desaparecer pouco a pouco, todos os dias? Essa desigualdade desaparecerá juntamente com a predominância do orgulho e do egoísmo, restando tão somente a desigualdade do mérito. Chegará um dia em que os membros da grande família, os filhos de Deus, não mais se olharão como de sangue mais ou menos puro, e isso não depende da posição social."*[22]

---

22. Ibidem, 272

Essa resposta é bastante salutar quando comparamos a questão das desigualdades sociais em diferentes períodos do pensamento cristão. Na Idade Média, a Igreja católica defendia a tese de que as ordens térreas são uma cópia das estratificações do paraíso. Como exemplo desse pensamento, é bastante conhecida a frase do Bispo Adaberon de Laon (977-1030) que afirmava o seguinte sobre a ordem social da Idade Média:

> *"A casa de Deus, que parece una, é portanto tripla: uns rezam, outros combatem e outros trabalham. Todos os três formam um conjunto e se separam: a obra de uns permite o trabalho dos outros dois e cada qual por sua vez presta seu apoio aos outros."*[23]

Logo, se justificava as profundas desigualdades sociais como sendo a ordem de Deus na terra e, assim como existe a hierarquização divina formada basicamente pela Santíssima Trindade, também se acreditava no espelhamento dessa ordem na terra, ou seja, os que rezavam (clero), os que lutavam (nobreza) e os que trabalhavam (camponeses) estavam nessa posição social por ser essa a vontade de Deus. Tempos depois, entre os século XVI e XVII, o pensamento cristão será profundamente influenciado pelas ideias reformistas que marcaram o fim do monopólio católico romano no Ocidente europeu.

---

23. FRANCO JR., Hilário. *História da Idade Média, o nascimento do Ocidente*. [S.l.]: São Paulo: Brasiliense. 2006. pp. 67-92.

A iniciar pelas ideias do monge Martinho Lutero (1483-1546) que, a partir das 95 teses, promoveu a maior ruptura da história cristã, ao propor que a salvação das almas não deveria estar atrelada ao perdão dos pecados pela compra das chamadas indulgências (itens "sagrados" quase sempre falsos, ou cartas de perdão emitidas pelas altas autoridades eclesiásticas).

Lutero propôs uma nova interpretação, principalmente das Epistolas (cartas) de Paulo. A partir do exemplo de Paulo, Lutero defende a tese de que a salvação da alma estaria na fé em Cristo (*sola fide*) e não nas indulgências. Muito embora, seu pensamento tenha influenciado a ascensão burguesa, Lutero era um fervoroso defensor das oligarquias senhoriais dos principados que formariam a Alemanha. Além disso, ele também foi conivente com o massacre contra a corrente religiosa cristã dos anabatistas, na França, que lutavam pela distribuição de terras aos camponeses mais pobres. Ou seja, no fundo, Lutero não tinha grandes preocupações sociais em relação ao papel da fé na Europa.

Outro reformista importante que também vai se opor ao monopólio da fé por parte da Igreja católica será o francês João Calvino que, ao defender a predestinação da fé como fundamento básico do cristianismo, assegurava que as desigualdades sociais eram fruto da predestinação divina. Em outras palavras, segundo essa concepção, Deus teria escolhido alguns poucos privilegiados para subjugar uma enorme maioria e mantê-los permanentemente em estado de pobreza, uma vez que essa seria a predestinação de cada um segundo a vontade de Deus, que seguiria convivendo com a eterna esperança de um dia as coisas melhorarem em caso de uma futura conversão ao calvinismo.

No caso da doutrina espírita, há uma nova interpretação da questão da desigualdade. Quando é revelado a Allan Kardec que a desigualdade é obra do homem e não de Deus, isso significa que, para a doutrina espírita, a desigualdade social existe como criação do próprio homem e não como resultante da vontade de Deus. Nesse sentido, cabe ao próprio homem mudar essa lógica. Tal ideia se torna mais clara quando Allan Kardec pergunta se a desigualdade um dia vai desaparecer e o espírito responde que apenas as leis de Deus são eternas; logo, as leis dos homens são transitórias e mudam com o passar do tempo. Nesse aspecto, a doutrina espírita também contradiz a visão católica medieval, que via nas desigualdades terrenas um espelho da ordem social determinada por Deus, sendo contrária também, nesse sentido, às posições de Lutero em relação à defesa dos interesses das elites alemãs. Além de discordar diametralmente quanto à predestinação calvinista. E obviamente que essa ruptura com as tradições cristãs em relação às desigualdades vai levar a uma verdadeira cruzada do cristianismo tradicional contra a doutrina espírita. E a natureza das acusações será das mais diversas possíveis: desde pacto com o diabo a acusações de heresia feitas por parte das autoridades católicas.

O ESPIRITISMO NO BRASIL

Existem hoje no mundo cerca de 13 milhões de pessoas que seguem a doutrina espírita. Dessas, 3,8 milhões estão no Brasil. Isso significa, na prática, que a cada três seguidores do espiritismo no mundo, um é brasileiro. Não obstante, o Brasil é o maior país católico do mundo com cerca de 123,4 milhões de seguidores, segundo o último censo realizado em 2010. Todavia, é também o país com maior número de seguidores do espiritismo no mundo. Nem na França, país de origem de Allan Kardec, essa religião tem proporcionalmente tantos seguidores. Mas por que o Brasil, país tão fervorosamente católico, será o país onde o espiritismo mais vai crescer no mundo? A resposta passa por algumas especificidades da sociedade brasileira que são bastante complexas e envolvem o entendimento de como o catolicismo foi implantado no Brasil durante os anos do período colonial.

O eixo central do processo de colonização do Brasil está no trabalho escravo e na produção de açúcar. Ambos introduzidos aqui pela metrópole portuguesa. O tráfico de pessoas da costa africana e o trabalho escravo realizado por essas pessoas foram diretamente responsáveis pelo processo de acumulação de capital primitivo na Europa. O fato é que parte da justificativa utilizada para se manter essa anomalia por 388 anos era religiosa. A escravidão era aceita e apoiada pela Igreja, pois aquelas pessoas não tinham "*nem deus, nem lei e nem rei*". Tal afirmação foi feita pelo cronista português Pêro de Magalhães Gandavo (1540-1579), que escreveu: *"Não se acham F, nem L, nem R, coisa digna de espanto, porque assim não têm Fé, nem Lei, nem Rei".*[24] No caso de nativos indígenas na América até seria possível a conversão ao catolicismo e, portanto, não ser escravizado, desde que os nativos fizessem parte das missões religiosas e recebessem uma educação católica. Contudo, o mesmo não se aplicava às pessoas em situação de escravidão vindas da costa africana.

Junto com os negros provenientes da África chegava também uma rica e milenar religião de tradição, sobretudo, Iorubá. As religiões de matriz africana que desembarcaram no Brasil desde meados do século XVI já haviam introduzido aqui a prática de comunicação e interação com pessoas do plano espiritual. O candomblé, por exemplo, se comunicava não apenas com os mortos, mas também com divindades denominadas Orixás. Vale lembrar que se trata de formas diferentes de comunicação e interação com o mundo dos espíritos, isso por-

---

24. Gandavo, Pedro de Magalhães: *Tratado da terra do Brasil: história da Província Santa Cruz, a que vulgarmente chamamos Brasil*. São Paulo: Jorge Zahar. 2004 pp 48

que, enquanto no espiritismo a comunicação ocorre na maior parte das vezes através de cartas psicografadas, nas religiões de matriz africana essa comunicação e essa interação ocorrem pela incorporação da entidade que vem ao mundo material atraída pela música dos atabaques e demais instrumentos presentes nos diferentes ritos. De fato, já se faziam presentes, portanto, na cultura brasileira, formas de expressões religiosas que interagiam diretamente com o mundo dos espíritos.

Importante dizer também que as religiões dos escravizados no Brasil serão violentamente perseguidas pelos senhores de engenho e pelas autoridades da época. Mesmo depois, com a independência do Brasil em 1822 e com a instituição da república em 1889, essa perseguição vai continuar. O fato é que, para tentar burlar essa perseguição, as religiões afro-brasileiras assimilaram em sua forma de fé elementos do catolicismo. E da mesma forma, o catolicismo no Brasil também vai sofrer influências das religiões de matriz africana. Essa troca cultural religiosa vai receber o nome de sincretismo religioso. E será com base nesse conceito que muitas outras religiões vão compor esse caldeirão religioso espiritual que é o Brasil.

Desse modo, quando o espiritismo desembarca no Brasil, por volta de 1860, já eram conhecidas aqui outras formas de comunicação com o mundo dos espíritos, com uma diferença, no entanto, bastante peculiar: o espiritismo era uma religião de brancos e burgueses da Europa, o que vai fazê-lo cair nas graças da burguesia brasileira urbana, na segunda metade do século XIX. Por mais que houvesse, no Brasil, o sincretismo religioso, as religiões dos negros eram marginalizadas pela elite branca, de modo que, mesmo que houvesse certo fascínio e curiosidade pela religião praticada pelos negros, dificilmente se veria, no século XIX, uma pessoa branca frequentando terreiros.

O espiritismo trazia em si elementos que dialogavam diretamente com essas elites. Por exemplo, era uma doutrina que precisava ser estudada e que, portanto, era necessário ser alfabetizado para entendê-la; tinha suas raízes na França, berço da burguesia da Europa e, por último, não havia nos ritos de comunicação com os espíritos os atabaques e demais instrumentos que marcam as religiões afro-brasileiras. O espiritismo, de fato, cairia como uma luva para as elites urbanas do Brasil.

Em suma, respondendo à pergunta feita no início desse capítulo: por que no Brasil, onde a tradição católica é tão forte, será também o país em que o espiritismo mais vai crescer? Podemos apontar, para responder a essa pergunta, algumas possíveis razões. Primeiro, no Brasil, já existiam formas de expressões religiosas em que a comunicação e interação com o mundo dos espíritos era comum; mas era uma prática cercada de preconceitos por parte da população branca e por parte dos próprios governantes do Brasil.

Segundo, uma das principais características da religiosidade construída no Brasil ao longo de anos será o sincretismo religioso. Quando o espiritismo chega aqui será assimilado pelas outras formas de religião que já existiam e do mesmo modo também irá influenciar as demais, transformando a doutrina espírita e tornando-a, em linhas gerais, mais brasileira do que francesa.

Terceiro, muito embora houvesse aqui religiões que já se comunicavam com os mortos, elas sofriam de grande preconceito, e embora pudesse despertar o fascínio da burguesia, essa classe jamais se veria no século XIX seguindo uma religião criada pela população negra em situação de escravidão. O espiritismo, pelo contrário, era uma religião que também se propunha a comunicação com os espíritos, mas criada e praticada pelas elites brancas da Europa. Vale lembrar que, embora no século XIX a maior parte dos interessados no espiritismo fossem pessoas das elites, em pouco tempo essa prática religiosa será assimilada por diferentes classes sociais no Brasil e vai crescer de forma exponencial nos séculos XX e XXI, confirmando a afirmação de Allan Kardec de que a doutrina espírita seria a religião do futuro. Podemos afirmar, portanto, que, pelos três motivos citados, a doutrina espírita vai ser aceita e praticada por milhares de pessoas no Brasil.

Quarto, o espiritismo cresceu aqui por conta do papel fundamental desempenhado por alguns médiuns, em particular Chico Xavier. Além de sua impressionante obra, ele também foi contemporâneo dos tempos da TV e do rádio, ao contrário, por exemplo, de Bezerra de Menezes, que não conheceu nenhum dos dois. O fenômeno Chico Xavier será amplamente reportado em jornais, revistas, programas de TV, rádio. A obra de Chico, assim como sua ampla divulgação, ajudou muito no crescimento exponencial do espiritismo nessa época.

Soma-se a esses quatro argumentos o fato de a doutrina espírita ter chegado ao Brasil quase no mesmo momento em que havia sido criada na França. Para se ter uma ideia, o catolicismo chega ao Brasil em 1500 com a descoberta dessas terras pelos portugueses, já passados 1175 anos que a Igreja católica havia sido formalmente instituída, no concílio de Niceia. No caso do espiritismo, podemos dizer que as primeiras manifestações de práticas de mesas no Brasil ocorreram ainda anteriormente à publicação de "O livro dos espíritos". Podemos dizer que as primeiras notícias sobre os espetáculos de mesas girantes que ocorriam nos Estados Unidos e na Europa chegaram ao Brasil entre 1848-1853. Em 1857, na Bahia, no mesmo ano em que era lançado na França "O livro dos espíritos", seria fundado o Conservatório Dramático da Bahia, criado por notórios intelectuais da época, dentre outros, por Rui Barbosa, futuro ministro do Brasil republicano e pelo jornalista e intelectual Luís Olímpio Teles de Menezes, que alguns anos depois, em 1865, vai fundar, em Salvador, o Grupo Familiar do Espiritismo, primeira agremiação voltada à doutrina espírita no Brasil.

Importante ressaltar que a chegada da doutrina ao Brasil não foi das mais tranquilas, por causa da peculiar realidade brasileira nessa época, que nos diferenciava diametralmente da realidade francesa. A principal diferença diz respeito à óbvia necessidade da alfabetização para o conhecimento teórico da doutrina espírita. O Brasil se havia tornado, havia pouco, uma nação independente de sua metrópole Portugal, mantendo as elites como donas do poder e sustentando um vergonhoso regime escravocrata. A população brasileira era, em sua imensa maioria, analfabeta. Isso fez com que, por uma questão prática, assim como na França, os primeiros adeptos do espiritismo pertencessem às elites.

Em 1863, será publicado no Brasil o primeiro texto de Allan Kardec: *"Le Spiritisme à sa plus simple expression"*, traduzido no Brasil como: *"O espiritismo na sua mais simples expressão".* Era uma coleção de brochuras, composta por oito volumes, que tinham por intenção levar de forma mais simples e didática os preceitos presentes nos livros de Allan Kardec. Em 1875, "O livro dos espíritos" vai chegar às mãos do médico brasileiro Adolfo Bezerra de Menezes Cavalcanti (1831-1900), mais citado como Bezerra de Menezes. Conhecido popularmente como o médico dos pobres, pois Bezerra de Menezes, mesmo sendo médico renomado, nunca deixou de atender às famílias pobres que não tinham condições de pagar consultas médicas no Brasil do século XIX. Era filho do militar Antônio Bezerra de Menezes e de Fabiana de Jesus Maria Bezerra de Menezes. Podemos dizer que ele foi o maior expoente brasileiro do espiritismo no século XIX. Há em comum entre ele e Allan Kardec o fato de ambos terem contato com os fenômenos das mesas girantes quando tinham uma carreira consolidada. Bezerra de Menezes já era médico consagrado quando, aos 44 anos, teve contato com a primeira tradução de "O livro dos espíritos". Sobre o impacto que essa obra teve em sua vida, ele afirmou o seguinte:

> *"Deu-mo na cidade e eu morava na Tijuca, a uma hora de viagem de bonde. Embarquei com o livro e, como não tinha distração para a longa viagem, disse comigo: ora, Deus! Não hei de ir para o inferno por ler isto... Depois, é ridículo confessar-me ignorante desta filosofia, quando tenho estudado todas as escolas filosóficas. Pensando assim, abri o livro e prendi-me a ele, como acontecera com a Bíblia. Lia. Mas não encontrava nada que fosse novo para meu Espírito. Entretanto, tudo aquilo era novo para mim! Eu já tinha lido ou ouvido tudo o que se achava no 'O Livro dos Espíritos.' Preocupei-me seriamente com este fato maravilhoso e a mim mesmo dizia: parece que eu era espírita inconsciente, ou, mesmo como se diz vulgarmente, de nascença"*[25]

---

25. Segunda entrevista de Bezerra de Menezes ao periódico: "O reformador" em 1884. Disponível em: https://www.sistemas.febnet.org.br/acervo/index.php/reformador/ano/1884 acessado em: 22/06/2021

Esse momento teria um enorme impacto na vida do médico. A partir de seu contato com o livro, sua vida começa a mudar radicalmente. Ele passa a estudar com muita seriedade e afinco a doutrina espírita por meio das obras de Allan Kardec. Convém lembrar que, além de médico, Bezerra de Menezes também foi vereador na cidade do Rio de Janeiro. O momento fundamental para sua conversão aos preceitos do espiritismo será em 1882 quando entra em contato com o médium João Gonçalves do Nascimento.

Bezerra de Menezes procurou o médium para a cura de uma dispepsia que, em linhas gerais, é uma doença que prejudica a digestão de alimentos. O fato de ele próprio ser médico significava que tinha acesso a medicamentos e tratamentos possíveis e disponíveis na medicina do Brasil daquela época: *"Eu não acreditava nem deixava de acreditar na medicina mediunímica, e confesso que propendia mais para a crença de que o tal médium era um especulador".* João Gonçalves receita a ele tratamento com uma mistura que deveria ser diluída em água. Bezerra de Menezes segue à risca a receita, encontrando-se curado alguns meses depois.

Após essa experiência, Bezerra de Menezes também acompanhou dezenas de outras práticas de cura por parte do médium João Gonçalves. Em 1886, ele declara a um público de aproximadamente 2.000 pessoas, no posto policial militar conhecido como Guarda Velha, no Rio de Janeiro, sua adesão à nova doutrina espírita. A partir desse momento, Bezerra de Menezes vai tornar-se um divulgador e praticante da doutrina.

No mesmo ano, ele declara publicamente sua fé e começa a escrever periodicamente no importante jornal da época, "O Paiz", uma seção intitulada o "Spiritsmo". Devido ao medo de sofrer possíveis represálias, assinava seus artigos com o pseudônimo de Max. Com grande notoriedade no meio espírita brasileiro, em 1889 foi eleito presidente da Federação Espírita Brasileira, que havia sido criada em 1884. Nesse mesmo período, Bezerra de Menezes também passou a escrever para o importante periódico espírita brasileiro chamado "O Reformador".

Em 1890, um ano após a proclamação da república no Brasil, Bezerra de Menezes vai formalizar, em carta, reclamação direta ao Presidente do Brasil, Marechal Deodoro, aspectos do novo código penal brasileiro que poderiam levar a futuras perseguições à religião espírita. Entre os anos de 1890-1891, foi responsável por traduzir as obras póstumas de Allan Kardec e, no mesmo período, tornou-se vice-presidente da Federação Espírita Brasileira. Morreu em 11 de abril de 1900, vítima de um acidente vascular cerebral.

A importância de Bezerra de Menezes para o espiritismo no Brasil é enorme. Como médico e político, ele já tinha reputação de prestar ajuda aos mais necessitados. Após a conversão à doutrina espírita, essas ações de ajuda ao próximo se tornaram ainda mais marcantes em sua vida. Além disso, Bezerra de Menezes também exerceu fundamental papel de liderança frente a uma religião recém-criada. Foi obrigado a lidar com conflitos internos de diferentes grupos espíritas, que tinham interpretações divergentes sobre o que era doutrina naquela época, e isso poderia colocar em risco a unidade de uma religião recém-criada. No ano de 2008, sua vida foi levada ao cinema com o longa *"Bezerra de Menezes: o diário de um espírito"*, que levou a mensagem do espiritismo a um público enorme de todos os recantos do Brasil.

Dez anos após a morte de Bezerra de Menezes, em 1910, nascia em 2 de abril, Francisco Candido Xavier ou simplesmente Chico Xavier. De família pobre cresceu em uma casa pequena com mais 8 irmãos. Era filho de João Cândido Xavier, vendedor de bilhetes de loteria, e de Maria João de Deus, lavadeira. Os pais eram analfabetos. Sua mãe morreu quando Chico Xavier tinha apenas 5 anos de idade. A partir da morte da mãe, ele vai ficar aos cuidados da madrinha Rita de Cássia, que abusou da violência e do fanatismo religioso em sua criação.

Os biógrafos de Chico afirmam que uma das primeiras manifestações mediúnicas dele ocorreu quando, aos cinco anos de idade, passou a se comunicar com a mãe. Essas primeiras expressões mediúnicas de Chico Xavier foram tratadas como uma coisa maligna ou do diabo. Aos

12 anos de idade, seu pai conhece sua madrasta, o que o afasta do convívio nocivo com a madrinha Rita de Cássia. Nesse período, Chico ganhou, na escola, um concurso nacional de redação em que ele próprio teria assumido que a redação havia sido revelada a ele. Como uma maneira de afastar Chico dessas comunicações vistas como demoníacas e também como uma forma de ajudar uma família grande de 8 irmãos, ele passa a trabalhar em uma pequena fábrica de tecidos em Belo Horizonte. Já adulto, ele psicografa aos 21 anos sua primeira carta de sua mãe, depois de anos sem nenhuma comunicação com ela. A fama de Chico Xavier crescia de maneira meteórica. Mas quase que concomitante à sua fama, veio também seu grave problema na vista. Uma catarata que vai fazê-lo perder quase que completamente a visão ao longo dos anos.

Não há exagero em dizer que Chico Xavier foi um dos maiores médiuns do mundo. Os dons de Chico eram considerados dos mais raros entre os estudiosos do espiritismo. Isso porque a mediunidade é classificada por categorias e, no caso, ele era um médium mecânico, ou seja, que não tem consciência do que está escrevendo. Chico tinha também o dom de reproduzir a escrita dos espíritos, que se comunicavam com ele com a mesma caligrafia de quando esses espíritos estavam encarnados. Característica essa chamada de médium polígrafo, sendo também um médium do tipo poliglota ou xenoglota, ou seja, que é capaz de psicografar em diferentes idiomas, considerando-se esse um dos dons mais raros no meio mediúnico. Chico Xavier psicografou uma quantidade incontável de cartas. Sob a orientação de seu guia espiritual Emmanuel, publicou mais de 400 livros, traduzidos para mais de 15 idiomas. É importante frisar que Chico apenas terminou o curso primário, o que seria hoje o equivalente ao ensino fundamental. Isso, contudo, não o impediu de publicar obras inteiras em alemão, francês e inglês. Feito de inegável assombro, já que para se dominar uma das dessas línguas ao ponto de escrever uma única obra inteira, seriam necessários muitos anos de estudos e dedicação.

Em sua extensa obra, psicografou também trabalhos de filósofos, sociólogos, poetas, romancistas, cronistas, historiadores, médicos, etc. Algo que também levaria anos de estudos, se uma pessoa se propusesse a escrever apenas uma única obra numa dessas áreas. A obra de Chico Xavier é tão extensa quanto impressionante, quer pela qualidade quer pela quantidade. Sua vida é também um exemplo de caráter, bondade, caridade, entrega, desprendimento. Abrindo mão de qualquer tipo de conforto e luxo, Chico viveu até o final de sua vida em uma casa grande, porém humilde, em Uberaba, Minas Gerais. Não acumulou bens, nunca cobrou por uma consulta sequer e todos os direitos autorais de suas obras eram, e são até hoje, destinados a manter diferentes obras de caridade.

Desde que começou a psicografar suas obras, não faltaram aqueles que duvidavam de seus feitos, e isso vinha desde uma parte da Igreja católica no Brasil, que o acusava de pacto com o demônio, passando pelos meios de comunicação, que o acusavam de fraude. Uma das acusações feitas a ele era de que havia lido na infância e adolescência todos os autores que dizia psicografar. A primeira polêmica em relação a esse argumento veio por parte de seu sobrinho Amauri Xavier Pena, filho de sua irmã mais velha Maria Xavier.

Em 1958, o sobrinho de Chico procura a redação do jornal "Diário de Minas", para, segundo ele, "desmascarar as fraudes dele e de seu tio". Isso porque o sobrinho de Chico também era médium e, desde criança, escrevia poemas de qualidade incomum para sua idade. Um deles era denominado "Os cruzílidas", assinado pelo escritor luso Luís de Camões. Em linhas gerais, os versos narram a história do descobrimento do Brasil do ponto de vista espiritual e, de acordo com o poema, Pedro Alvares Cabral teria sido acompanhado por guias espirituais quando se aventurou nas navegações que culminaram na descoberta do Brasil. Sobre esse poema, o sobrinho de Chico afirmava que havia sido escolhido pelo plano espiritual para divulgar o que seria um novo Lusíadas. Todavia, em vez de presentear a humanidade com uma nova obra prima, ele surpreendeu a todos quando se propôs a revelar toda a fraude que envolvia sua própria obra e a de seu tio famoso. Sobre esse fato ele próprio disse o seguinte:

"Aquilo que tenho escrito foi criado pela minha própria imaginação, sem interferência do outro mundo ou de qualquer outro fenômeno miraculoso. Assim como tio Chico, tenho enorme facilidade para fazer versos, imitando qualquer estilo de grandes autores. Como ele, descobri isso muito cedo. Tio Chico é inteligente, lê muito e, com ou sem auxílio do outro mundo, vai continuar escrevendo seus versos e seus livros." [26]

Após a publicação no periódico mineiro, o jornal carioca "O Globo" também fez reportagem de capa com as declarações do sobrinho de Chico, reafirmando a ideia de que Chico sempre havia sido um leitor compulsivo e que os autores psicografados por ele já eram de conhecimento de Chico desde sua infância. Muito embora a reportagem tivesse tido ampla repercussão, o sobrinho nunca apresentou aos jornais as tais provas de fraude que havia mencionado. E ainda recaía sobre ele uma vida de abusos com o álcool. Devido ao agravamento de seu quadro de alcoolismo e, para conter essas calúnias contra o tio, ele foi internado em um sanatório na cidade de Pinhal, no estado de São Paulo, onde morreu em 1961, sem nunca provar o que havia levantado como suspeita. Pouco antes

---

26. SOUTO MAIOR, Marcel. *As Vidas de Chico Xavier*. São Paulo: Planeta do Brasil. 2003.pp 139

de morrer, Amauri Xavier Pena tentou entrar em contato com o tio para um pedido de desculpas formal, o que nunca aconteceu.

Outro fato marcante em relação às diversas tentativas de provar que Chico Xavier era uma fraude foi feita pela importante revista brasileira *"O Cruzeiro"*. Dois repórteres da revista, David Nasser (1917-1980) e Jean Manson (1915-1990) procuraram Chico Xavier e se apresentaram com nome falso, passando-se por dois repórteres estrangeiros na intenção de provar a seguinte hipótese: se Chico realmente fosse guiado por espíritos superiores, esses o alertariam sobre essa armadilha preparada pelos jornalistas. A matéria foi publicado, colocando Chico como uma fraude, visto que ele não havia sido alertado pelos espíritos de que se tratava de uma reportagem para uma revista brasileira. Já em casa, e após a publicação da reportagem na revista "O Cruzeiro", o jornalista Manson ligou de madrugada para seu parceiro de reportagem e disse o seguinte: *"Você viu o livro que o Chico Xavier nos deu?"*. Nasser então foi até sua biblioteca, tomou o livro e viu escrito em seu interior algo impressionante. Nele havia a seguinte dedicatória: *"Ao meu irmão David Nasser, de Emmanuel"*. Ao jornalista Manson ele havia feito a mesma dedicatória com o nome verdadeiro do jornalista. David Nasser chegou a dizer em entrevista à TV Cultura, em 1980, que, por causa do ocorrido, ele jamais iria mexer de novo com esse assunto, pois tinha *"medo de se envolver com essas coisas de espiritismo"*[27].

Não foram poucas as tentativas de provar uma possível fraude nas obras e na vida de Chico Xavier. Mas nada chegou jamais nem perto de provar que ele não psicografou toda sua obra. Pelo contrário, todas as tentativas de comprovação de falcatruas acabaram por resultar em consecutivas confirmações daquilo que Chico Xavier fazia e falava. Além dos inúmeros testemunhos de pessoas que foram acalentadas pelas cartas de Chico, houve também o estudo de algumas de suas cartas pela Universidade Federal de Juiz de Fora que concluiu pela veracidade do caso psicografado por ele, conforme já citamos no capítulo *"O nascimento do espiritismo na França"*.

Outro fato impressionante da obra de Chico Xavier diz respeito às cartas psicografadas por ele e que foram aceitas como uma das provas em dois processo criminais famosos, ocorridos no Brasil dos anos 70. O primeiro deles ocorreu em 1976, na cidade de Goianinha, quando o jovem João Batista França, em uma brincadeira de roleta russa, matou o amigo Henrique Emmanuel Gregoris. O incidente foi registrado pela polícia local como homicídio culposo, quando não há a intenção de matar. Esse caso é de extrema importância, não apenas porque colocaria à

---

27. Disponível em: https://youtu.be/68XChDKyHHM acessado em: 28/06/2021

prova uma carta psicografada, mas também porque uma carta psicografada poderia ser aceita por um tribunal do júri pela primeira vez na história. A carta passou por um exame grafotécnico que considerou autêntica a assinatura e a grafia como sendo da vítima, Henrique Emmanuel Gregoris. O uso da primeira carta psicografada como prova ocorreu na fase de recurso em segunda instância impetrada pela mãe da vítima, que não havia concordado com a decisão de não imputar culpa ao réu. Dois dias após a impetração do recurso, Chico Xavier recebe a primeira carta de Henrique em sua casa em Uberaba. Na carta, a vítima mandava avisar sua mãe Dona Augustinha que perdoasse seu amigo João França. Em um dos trechos mais impressionantes dessa carta Henrique diz o seguinte:

> *"O José Divino nem ninguém teve culpa em meu caso. Brincávamos a respeito da possibilidade de ferir alguém pela imagem do espelho. Sem que o momento fosse para qualquer movimento meu, o tiro me alcançou, sem que a culpa fosse do amigo ou minha mesmo. O resultado foi aquele. Estou vivo e com muita vontade de melhorar"*[28]

Em uma segunda carta psicografada dias depois, Henrique agradecia a sua mãe o desfecho do caso.

---

28. Disponível: https://www.nucleodoconhecimento.com.br/wpcontent/uploads/2018/05/Admissibilidade-da-Carta-Psicografada.pdf - Acessado: 28/06/2021

"...Véia, sou eu que peço que não esquente a cabeça. Tudo passou. Fico muito grato por seu esforço, esforço de não guardar ressentimento. Realmente seu filho estava brincando com a vida. Perdoe se isso aconteceu. Não tinha ideia de que o final seria aquele, foi uma zebra sem tamanho, que me surpreendeu, mas não há de ser nada. Mãe, não culpe a ninguém, peço. Eu agradeço o seu pedido ao nosso advogado, Dr. Wanderley. E peço que transmita aos nossos, principalmente ao nosso Mário, o amor, o carinho e respeito que me deram a paz."[29]

Chico foi pessoalmente entregar a primeira carta à mãe de Henrique que, ao reconhecer aspectos muito específicos da relação dela com o filho e com o resto da família, pediu para que seu advogado anexasse a carta ao processo e retirasse o recurso que havia impetrado, questionando a decisão em primeira instância. Após o resultado positivo do exame grafotécnico, o juiz Orimar de Bastos aceitou a carta como uma das provas do caso, e como não havia outra testemunha, a carta acabou sendo fundamental para a resolução definitiva do caso.[30] Ao proferir sua decisão, o juiz registrou o seguinte:

---

29. IDEM.
30. "Em virtude da enorme repercussão do caso na imprensa nacional e internacional, o Ministério Público recorreu da decisão e obteve provimento. Devido ao recurso a decisão foi reformada e o acusado foi pronunciado com fulcro no caput do artigo 121 do Código Penal". Fonte: https://jus.com.br/artigos/62801/a-admissibilidade-da-carta-psicografada-como-meio-de-prova-no-processo-penal/3

> *"Nos autos constam provas, evidências de que o acusado não agiu, no meu entender, na análise das provas inseridas nos autos, nem com dolo, nem com culpa. Depois de analisar essas provas, de poder observar as perícias efetuadas pela polícia, nos deparamos também com aquela carta psicografada. Foi ela que nos deu um pequeno subsídio (...) A carta psicografada colidia exatamente com o depoimento do acusado prestado no interrogatório, e aquilo nos trouxe aquela convicção de que realmente o acusado falara a verdade no interrogatório."*[31]

Em outro caso de grande repercussão em que as cartas de Chico Xavier foram usadas como prova jurídica ocorreu em 1980, na cidade de Campo Grande, quando da morte de Gleide Maria Dutra. Na noite de primeiro de março de 1980, o marido João Francisco Marcondes de Deus, ao manusear sua arma, disparou, acidentalmente segundo ele, atingindo o pescoço da esposa. Ela passou sete dias internada antes de vir a óbito. Após a morte foi declarada a prisão preventiva do marido. O advogado dele, Ricardo Trad, conseguiu habeas corpus. Em liberdade, ele recebeu uma carta psicografada pela diretora do hospital em que sua esposa havia sido internada. Após receber essa car-

---

31. Disponível em: https://jus.com.br/artigos/62801/a-admissibilidade-da-carta-psicografada-como-meio-de-prova-no-processo-penal/3 acessado em: 29/06/2021

ta, ele viaja até Uberaba, onde recebe outras três cartas de Chico Xavier. Em uma delas a esposa dizia o seguinte:

> *"Sentara-me no leito, ia ficar a esperar por você por alguns instantes, quando notei que você retirava o cinto cuidadosamente para resguardá-lo. Não pude saber e compreendo que nem você saberia explicar de que modo o revólver foi acionado de encontro a qualquer obstáculo e o projétil me atingia na base da garganta. Somente Deus e nós dois soubemos que a realidade não é outra, recordo a sua aflição e de seu sofrimento buscando socorrer-me, enquanto eu própria me debatia querendo reconfortá-lo sem possibilidade para isso. Depois um torpor muito grande me atingia, entretanto, nos restos de lucidez que ainda dispunha, roguei a Deus que não me deixasse morrer sem esclarecer a verdade."*[32]

Além das cartas o réu também apresentou como testemunhas 4 enfermeiras que haviam ouvido da própria Gleide o relato que inocentava o marido. Em 1982, em decisão unânime, o réu foi inocentado da acusação de homicídio. Devido à também enorme repercussão do caso, a promotoria entrou com recurso de anulação do julgamento, haja vista o próprio réu ter assumido o descuido em manusear

---

32. Disponível em: https://jus.com.br/artigos/62801/a-admissibilidade-da-carta-psicografada-como-meio-de-prova-no-processo-penal/3 acessado em: 29/06/2021

a arma, bem como, também questionando a utilização da carta psicografada como uma prova que acabou tendo peso fundamental na decisão dos jurados. Um novo julgamento foi marcado, ocorrido apenas em 1990; esse segundo julgamento já o acusava de homicídio culposo, em que não há intenção de matar. Neste, João Francisco foi condenado a um ano e meio de cárcere, mas não cumpriu pena, pois o crime já havia prescrito.

Existem outros casos em que as cartas de Chico Xavier foram aceitas como provas em tribunais do júri, exercendo inclusive papel fundamental nas decisões que foram tomadas. Os exemplos já citados, contudo, deixam mais do que evidenciada a imensa importância da obra de Chico Xavier e a razão pela qual podemos citá-lo como um dos maiores médiuns de todos os tempos. No dia 30 de junho de 2002, em dia de imensa alegria para todo o povo brasileiro, como ele havia previsto, pois nesse dia o Brasil se tornava pentacampeão do mundo de futebol, Chico Xavier desencarnou. E, passados 19 anos de sua última encarnação, sua obra continua sendo um mistério para a ciência, e ainda está muito longe de ter sido minimamente analisada.

CONSIDERAÇÕES FINAIS

O espiritismo é uma forma de fé ou de expressão religiosa relativamente nova. Nasceu em um período de grandes avanços nas ciências e nas formas de pensar. Alimentou-se do espírito científico do século XIX, juntando práticas e princípios humanistas do cristianismo primitivo com uma forma sistemática e complexa de se comunicar com o mundo dos espíritos, entendendo essa relação como parte fundamental da evolução e da continuidade da alma. Como fruto desse meio científico, também podemos afirmar que essa não era uma religião inimiga da tecnologia e do avanço científico, muito pelo contrário. Desde seu surgimento, a tecnologia tem sido parte importante da comunicação com outros planos, ao contrário da maior parte das religiões no mundo que veem na ciência e no avanço tecnológico uma ameaça aos dogmas da fé.

Aqui no Brasil, a doutrina espírita chegou quase ao mesmo tempo em que estava sendo criada na Europa. Adaptando-se perfeitamente à nossa realidade, passando por um profundo processo de sincretismo religioso, influenciou nosso cristianismo e foi influenciada por ele e pelas religiões de matriz africana que já estavam no Brasil havia muito tempo. Aqui também vai se destacar a liderança de muitas pessoas importantes na divulgação e na prática da doutrina espírita. Nesse pequeno livro abordamos dois dos principais expoentes brasileiros: Bezerra de Menezes e Chico Xavier (ficando de fora uma série de outras pessoas que deveriam ser incluídas num estudo de maior amplitude). O primeiro foi o grande responsável por organizar essa forma de fé ainda no século XIX. Sem Bezerra de Menezes, talvez a doutrina tivesse se fragmentado em muitos pequenos grupos com reduzido número de adeptos. Já Chico Xavier, foi fundamental para a divulgação da doutrina espírita no Brasil e no mundo. A mensagem de Chico Xavier mudou a vida milhares de pessoas, levando alento para aqueles que estavam passando pelo momento mais triste de suas vidas. Além de sua obra impressionante, outro aspecto de real importância que deve ser ressaltado está no fato de ele ter vivido a simplicidade que sempre pregou, ao contrário de muitos líderes espirituais que pregavam a humildade e moravam em palacetes, Chico viveu segundo os padrões e os valores éticos que pregou ao longo de uma vida inteira.

SOBRE O AUTOR

Davi da Rosa é Bacharel e Licenciado em história pela PUC-SP (2006). Possui pós-graduação em História, Cinema e Áudio Visual também pela PUC-SP (2009). Atua desde 2007 como professor de cursos preparatórios em instituições de ensino particular nas disciplinas de história, sociologia e filosofia. Desde 2015 atua também como autor de livros e materiais didáticos nas áreas de História e Sociologia. Lançou em 2020 o livro *"O que é Nazismo?"* Durante dois anos foi colaborador das revistas "Sociologia" e "Filosofia", ambas da Editora Escala.